Puerta del Sol

AUTORAS

María Acosta ❖ Alma Flor Ada ❖ Ramonita Adorno de Santiago ❖ JoAnn Canales ❖ Kathy Escamilla
Joanna Fountain-Schroeder ❖ Lada Josefa Kratky ❖ Sheron Long ❖ Elba Maldonado-Colón
Sylvia Cavazos Peña ❖ Rosalía Salinas ❖ Josefina Villamil Tinajero
María Emilia Torres-Guzmán ❖ Olga Valcourt-Schwartz

MACMILLAN/McGRAW-HILL SCHOOL PUBLISHING COMPANY
NEW YORK   CHICAGO   COLUMBUS

Teacher Reviewers

Hilda Angiulo, Jeanne Cantú, Marina L. Cook, Hilda M. Davis, Dorothy Foster, Irma Gómez-Torres, Rosa Luján, Norma Martínez, Ana Pomar, Marta Puga

ACKNOWLEDGMENTS

The publisher gratefully acknowledges permission to reprint the following copyrighted material:

"Puerta del Sol" (originally titled "Soy el farolero") an excerpt from ANTOLOGÍA DE LA LITERATURA INFANTIL ESPAÑOLA II by Carmen Bravo-Villasante. © Carmen Bravo-Villasante. © Editorial Doncel. Extensive research failed to find the copyright holder of this work.

"Copla" from VERSOS TRADICIONALES PARA LOS CEBOLLITAS by María Elena Walsh. © 1985, Editorial Sudamericana, S.A. Used by permission of the publisher.

"El rey de papel" from CUENTECILLOS CON MOTE by María de la Luz Uribe. © Editorial Universitaria, S.A., 1990. Used by permission of the publisher.

"Mi lápiz" by Morita Carrillo from NIÑOS Y ALAS TOMO I-PARTE II by Ismael Rodríguez Bou. © 1958 by the Superior Council on Education of Puerto Rico. Reprinted by permission of the publisher.

CON NUESTROS MEJORES DESEOS, FEDE from FEDE by James Stevenson is translated from WINSTON, NEWTON, ELTON, AND ED by James Stevenson. Copyright © 1978 by James Stevenson. Published by Greenwillow Books a division of William Morrow & Company, Inc. and used by permission of the publisher. Spanish version by María Elena Walsh. © Hyspamérica Ediciones Argentina, S.A. 1986. Used by permission of Hyspamérica Ediciones.

"Garza" by Grupo Zapayo from PALABRAS QUE ME GUSTAN by Clarisa Ruiz. Copyright © 1987 by Editorial Norma S.A. Reprinted by permission of the publisher.

EL HOMBRECILLO DE PAPEL by Fernando Alonso. © Fernando Alonso, 1978. Published by Susaeta, S.A. Used by permission of the publisher.

"Zig Zag" and "Iglú" from PALABRAS QUE ME GUSTAN by Clarisa Ruiz. Copyright © 1987 by Editorial Norma S.A. Used by permission of the publisher.

"Amigos somos" excerpted from "Coplas cariñosas" from VERSOS TRADICIONALES PARA LOS CEBOLLITAS by María Elena Walsh. © 1985, Editorial Sudamericana, S.A. Used by permission of the publisher.

MI PUEBLO SE LLAMA SAN AGUSTÍN by Luz María Chapela. © 1985, Consejo Nacional de Fomento Educativo. Used by permission of the publisher.

"El Sol quería bañarse" by Salvador de Madariaga from POESÍA INFANTIL: ESTUDIO Y ANTOLOGÍA by Elsa Isabel Bornemann. © by Editorial Latina, S.C.A. Used by permission of the publisher.

MAZAPÁN by Marta Osorio. © Marta Osorio, 1984. © Susaeta, S.A. Used by permission of the publisher.

"Mi amiga la sombra" by Alma Flor Ada from DÍAS Y DÍAS DE POESÍA. Copyright © 1991 Hampton-Brown Books. Used by permission of the publisher.

HISTORIA DE LA NUBE QUE ERA AMIGA DE UNA NIÑA by Bertrand Ruillé. © Grasset & Fasquelle 1973. © Spanish edition Susaeta, S.A. Used by permission of the publisher.

GUILLERMO JORGE MANUEL JOSÉ by Mem Fox. Text copyright © Mem Fox 1984. Illustrations copyright © Julie Vivas 1984. Originally published by Omnibus Books, Australia 1984 as WILFRED GORDON MCDONALD PARTRIDGE. © 1988 Ediciones Ekaré-Banco del Libro. Reprinted by permission of Omnibus Books. English translation in the Teacher's Edition by permission of Kane/Miller Book Publishers, Brooklyn, New York.

"No se te vaya a olvidar" from POEMAS PE-QUE PE-QUE PE-QUE-ÑITOS by Ernesto Galarza. Copyright 1972 by Ernesto Galarza. Published by Editorial Almadén. Used by permission of Mae Galarza.

LA LLAMA Y EL GRAN DILUVIO translation of the entire text of LLAMA AND THE GREAT FLOOD by Ellen Alexander. Copyright © 1989 by Ellen Alexander. Reprinted by permission of Harper Collins Publishers.

EL SOL, EL VIENTO Y LA LLUVIA translation of the entire text of THE SUN, THE WIND AND THE RAIN by Lisa Westberg Peters. Illustrated by Ted Rand. Text copyright © 1988 by Lisa Westberg Peters. Illustrations copyright © 1988 by Ted Rand. Reprinted and translated by permission of Henry Holt and Company, Inc.

"El sabor del mar" by Carlos Pellicer, "Derecho de propriedad" by Elías Nandino, "Nombres" by José Emilio Pacheco from LA LUCIÉRNAGA by Francisco Serrano. Published by CIDCLI, S.C. Used by permission of the publisher.

LA VUELTA DEL RÍO from MÁS CUENTOS DE JULIÁN translation of A CURVE IN THE RIVER from MORE STORIES JULIAN TELLS by Ann Cameron, illustrated by Ann Strugnell. Text copyright © 1986 by Ann Cameron. Illustrations copyright © 1986 by Ann Strugnell. Reprinted by permission of Alfred A. Knopf, Inc. Spanish translation by permission of Ann Cameron.

"El río" by Cesáreo Rosa-Nieves from POESÍA INFANTIL: ESTUDIO Y ANTOLOGÍA by Elsa Isabel Bornemann. © Editorial Latina S.C.A. Used by permission of the publisher.

YACI Y SU MUÑECA adapted by C. Zendrera. © Editorial Juventud, Barcelona, 1974. Used by permission of the publisher.

"¡Que llueva!" from GIRASOL by Tomás Calleja Guijarro. © Tomás Calleja Guijarro, 1982. Published by Editorial Escuela Española, S.A. Used by permission of the publisher.

INFORMACIÓN ILUSTRADA

Página del título, Contenido: from GUAU by Carmen Vásquez-Vigo. Cover and illustration copyright by Asun Balzola. © Carmen Vásquez-Vigo 1980. © Editorial Noguer, S.A. 1981. Reprinted by permission of the publisher.

(continued on page 375)

Macmillan/McGraw-Hill School Division
10 Union Square East
New York, New York 10003

Printed in the United States of America
ISBN 0-02-178006-4 / 2, L.7
  5 6 7 8 9 VHF 99 98 97

SOY EL FAROLERO

Soy el farolero
de la Puerta del Sol;
cojo la escalera
y enciendo el farol.

Tradicional

Te escribo todo

AMIGOS
SOMOS

AGUAS, AGÜITAS Y AGUACEROS

CONTENIDO

escribo
todo

Copla

Esta carta te escribo
muy de mi modo:
con poquitas palabras
te digo todo.

—TRADICIONAL

EL REY DE PAPEL

María de la Luz Uribe
ilustraciones de
Hal Lōse

Una tarde de paseo
me tropecé con un rey
magnífico y elegante,
pero todo de papel.

Haciéndome una gran venia,
este rey que me encontré
me regaló su corona,
que era toda de papel.

15

Me dijo: —En esta jirafa
iremos a recorrer
mi reino. —Y juntos nos fuimos.
Y todo era de papel.

Lo primero que encontramos
fue un inmenso, enorme buey,
que estaba comiendo un sapo;
buey y sapo de papel.

Después pasamos un túnel
y allí se puso a llover
gotitas de oro y de plata.
Y todo era de papel.

18

El rey abrió un gran paraguas
y yo me escondí bajo él;
me dijo: —No te preocupes,
porque todo es de papel.

19

Y llegamos al palacio.
Más lindo no puede ser . . .
Lleno de torres, campanas
y princesas de papel.

Diez princesitas había,
las diez hijas de este rey.
Todas lindas, delicadas,
pero todas de papel.

La princesa más chiquita,
que se llamaba Mabel,
cuidaba flores y plantas,
todas, todas de papel.

Y las otras princesitas,
tirando un largo cordel,
cerraban firme la puerta,
que era también de papel.

—¿Por qué tanto cerrar puertas?
—le pregunté a mi buen rey.

—¡Ay, hija mía! —me dijo—.
Somos todos de papel.

—Si alguien quiere nos arruga;
nos pueden hasta romper,
o tirarnos, o quemarnos,
porque somos de papel.

—Entonces, déme —le dije—,
déme rápido un pincel;
tal vez yo pueda salvar
a este reino de papel.

Me dieron pincel, colores,
pero papel no encontré:
todo eran flores, manteles,
sillas, mesas de papel.

Pero el rey me dio su espalda,
y ahí escribí un gran cartel:
"Prohibido, no se rompa,
porque todo es de papel".

Conozcamos a María de la Luz Uribe

María de la Luz Uribe, autora chilena, es conocida por sus cuentos en rima. Aun al hablar de sí misma, usa rima. Dice la señora Uribe:

La autora no es gimnástica,
poética ni práctica.
Es sólo un poco rítmica,
humorística y dramática.

Este ritmo, humor y sentido de lo dramático se encuentra en todos los libros de María de la Luz Uribe.

"El rey de papel" es sólo uno de los cuentos que aparecen en *Cuentecillos con mote*. Si te gustó el cuento, lee el libro entero y conocerás más personajes fascinantes y graciosos como Don Crispín y la señorita Aseñorada.

MARÍA DE LA LUZ URIBE
Ilustraciones de FERNANDO KRAHN

Cuentecillos
con mote

EDITORIAL UNIVERSITARIA

31

Pica pica papel picado

El rey de papel y toda su corte fueron hechos
con tijeras y hojas de papel. Puedes hacer muchas cosas
bonitas con tijeras y papel, entre ellas el papel picado.
Con papel picado, puedes decorar tu casa para una fiesta.

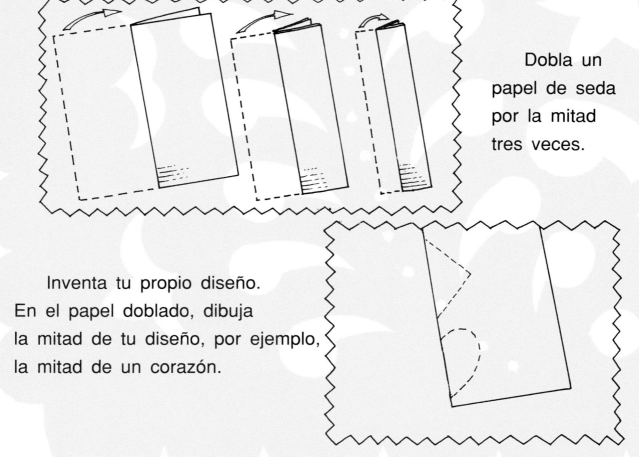

Dobla un
papel de seda
por la mitad
tres veces.

Inventa tu propio diseño.
En el papel doblado, dibuja
la mitad de tu diseño, por ejemplo,
la mitad de un corazón.

Repite el diseño a lo largo del doblez y recórtalo.

Abre el papel con mucho cuidado. Dobla el borde de arriba un poquito hacia abajo. Pon pegamento y un hilo en el doblez.

Luego, decora el cuarto con el papel picado.

¡Feliz fiesta!

33

Usa ropa
de madera.
Cuello fuerte
de latón.
Y sombrerito
de goma.
Mi lápiz
con borrador.

Mi lápiz

Lleva bajo
su vestido
la punta negra
de un pie.
Cuando yo
dibujo rápido
mi lápiz
baila ballet.

Si hago
las letras
muy feas
invierte
su posición.
Baila entonces
de cabeza
mi lápiz
con borrador.

—Morita Carrillo

Conozcamos a James Stevenson

El señor Stevenson empezó a escribir
y a dibujar cuando era niño. Dice: —Creo que
mi experiencia y mi mente creativa han sido
formadas mucho más por películas y tiras
cómicas. Me gusta escribir. Me gusta dibujar.
Me gusta pintar.

Dice que cuando escribe cuentos
ilustrados, está contando cuentos sin
limitarse a usar solamente palabras.
Cuando se le preguntó si prefiere
dibujar o escribir, dijo: —Creo que
dibujar es más infantil y natural.
Cuando eres chico, prefieres los
colores a la máquina de escribir. Aun
como adulto, creo que dibujar es un
poco más divertido que escribir.

CON NUESTROS MEJORES DESEOS, FEDE

cuento e ilustraciones de
James Stevenson

libro en español de **María Elena Walsh**

Fede vivía en una enorme
isla de hielo con Betty,
Rosita, Arturo y muchos otros
pingüinos. Todos los días
jugaban a arrojar bolas de
nieve y a patinar sobre el hielo.

Siempre vigilaban
a Gertrudis, la ballena gorda.
Cada vez que pasaba,
¡splaaasssh!, empapaba
a Fede y a todos los demás.
    —¡Mira lo que haces!
—le gritaba Betty.
    Pero Gertrudis seguía su camino.
    —Ni siquiera nos ve —decía Fede.

Una noche, mientras Fede dormía,
se escuchó un terrible crujido.
Como de hielo que se quiebra.
Fede creyó que era un sueño.

Cuando despertó, por la mañana,
vio que la isla se había partido
en dos. Se había quedado solo
en una mitad de la isla.

Los amigos de Fede
parecían cada vez más pequeños
mientras su isla se deslizaba sobre
el agua. Fede los miró hasta que
ya no pudo verlos más.

Entonces se puso a caminar
por su isla. No había nadie, nadie,
y se puso a caminar muy de prisa
sobre sus propias huellas.

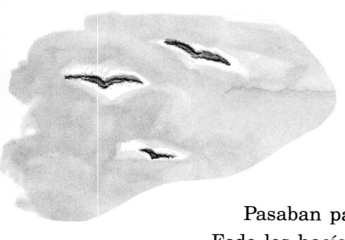

Pasaban pájaros.
Fede les hacía señas,
pero ellos no contestaban.

—Me parece que voy
a quedarme aquí solo hasta
el fin de mis días —dijo Fede.

Esa tarde escribió:
"Estoy triste", con gruesas letras
sobre la nieve, y se fue a dormir.

ESTOY TRISTE.

A la mañana, una golondrina
marina lo despertó.

—¡Hola! —dijo la golondrina—.
¿Eres tú el que escribió esas
palabras en la nieve?

—Sí —contestó Fede.

—¿Podrías escribir algo para mí?
—preguntó la golondrina.

—Creo que sí —dijo Fede—.
¿Qué quieres que escriba?

—Di a mis amigas que
las espero en el iceberg azul
—dijo la golondrina marina—.
Y firma Zoé. Así me llamo.
Zoé se fue volando y
Fede escribió el mensaje.

ZOÉ
LOS ESPERA
EN EL
ICEBERG
AZUL.

Poco después, las amigas
de Zoé sobrevolaron la isla
y leyeron el mensaje. Saludaron
a Fede y Fede las saludó.

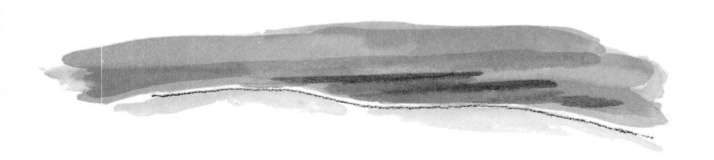

Durante toda la mañana los pájaros bajaban y pedían que les escribiera mensajes. Por la tarde, la isla entera estaba cubierta de mensajes.

Fede estaba muy cansado.

¡DORITA, LLEGÓ TU PRIMA!

MARTÍN: ES HORA DE ALMORZAR.

Zoé aterrizó y le dio un pescado
a Fede.

—Has trabajado una barbaridad
—le dijo Zoé—. ¿Por qué estás
tan triste?

—Echo de menos a mis amigos
de la otra isla —contestó Fede.

—¿Dónde está la otra isla?
—preguntó Zoé.

—En algún lugar de esta
inmensidad —contestó Fede.

—Es una pena que no vueles,
podrías reconocerla desde arriba.

—Sí, pero yo no puedo volar
—suspiró Fede.

—Sin embargo, es fácil —dijo Zoé.

—No lo es para los pingüinos
—dijo Fede.

Zoé se fue volando.

"Me parece que voy a pasarme
la vida entera escribiendo mensajes",
se dijo Fede.

A la mañana siguiente cuando Fede
se despertó encontró una sorpresa.

¡FEDE, HAY
UN MENSAJE
PARA TI!

SIGUE LAS FLECHAS.

¡SIÉNTATE Y ESPERA!

Siguió las flechas hasta que llegó
adonde había otro mensaje.

Se sentó sobre la X y esperó.

¡De repente, un enorme *splaaassssh*!
Fede quedó todo empapado.
Era Gertrudis.

—Veo que esperas un medio
de transporte para ir a la isla
de los pingüinos —dijo Gertrudis.

—¿Cómo lo sabes? —preguntó Fede.

—Me lo dijo Zoé —respondió Gertrudis—;
sube a bordo.

—Espera un minuto. Tengo que escribir un mensaje.

—De acuerdo, pero apresúrate —dijo Gertrudis—. ¡Tengo mucho que hacer además de transportar pingüinos!

Fede escribió un mensaje sobre la nieve y saltó sobre el lomo

¡GRACIAS, ZOÉ! CON MIS MEJORES DESEOS, FEDE

de Gertrudis. Gertrudis pegó
dos coletazos en el agua.
¡Splash, splash! Y salieron
flotando a toda velocidad.

—¡Volvió Fede! —gritó Betty.

—¡Hurra! —gritaron Rosita y Arturo.

Fede rodó desde el lomo de Gertrudis.

—Muchas gracias, Gertrudis —dijo Fede.

—Está bien por esta vez —dijo Gertrudis—, pero no creas que te pasearé todos los días.

—Estamos tan contentos de que hayas vuelto, Fede —dijo Betty.

—Te hemos echado mucho de menos —añadieron Rosita y Arturo.

—Yo también los eché de menos —dijo Fede.

¡SPLASSSH! Quedaron todos
empapados y Gertrudis se alejó.
—Gertrudis ni siquiera nos ve
—dijo Rosita.

—A veces sí nos ve —dijo Fede.

Garza

La garza se puso
su traje de tiza,
sus alas de viento,
sus botitas flacas
y su voz de risa.

Se pintó los labios,
tomó su sombrero,
su subió a un soplido
y mil travesuras
escribió en el cielo.

—Canción chilena
Grupo Zapayo

¡En clave, claro!

Lada Josefa Kratky

ilustraciones de

Sandra Forrest

¡ No me digas!

Muchos reyes, presidentes, soldados, piratas y hasta buenos amigos han enviado mensajes en clave. De esta manera su mensaje queda secreto.

Éste es un mensaje en clave:

Dice HOLA. Ahora aprenderás a leer y escribir mensajes en esta clave y muchas otras más.

¿ 45 55 25 21 51 21 53   53 11 12 21 51

CLAVES QUE USAN LETRAS

La clave del revés

Hay diferentes maneras de usar letras. Trata de leer esta palabra.

Verás que no se entiende. Léela de derecha a izquierda. Ahora sí que se entiende. Dice SECRETOS. Ésta es **La clave del revés**.

Ahora vamos a usar **La clave del revés**. Primero, escribe tu mensaje en una hoja de papel.

VEN A MI CASA.

Después, en otra hoja, copia cada palabra empezando con la última letra. Por ejemplo, VEN se escribe NEV, y CASA se escribe ASAC.

¿Sabías que . . .

- El uso de mensajes escritos en clave empezó hace 4,000 años.
- Cuando alguien quiere mandar un mensaje que es absolutamente secreto, a veces:

lo escribe con tinta invisible

lo oculta en un lugar inesperado

lo reduce al tamaño de un punto

¿Qué dice aquí?

ATSE EVALC SE LICÁF

33 11   23 11 33 33 25 41 11

La clave del principio al fin

Adivina lo que dice aquí.

Al escribir usando esta clave,
la palabra empieza con la segunda letra.
La primera letra se escribe al final de la palabra. Así
verás que IMAL quiere decir LIMA, ARANJAN quiere
decir NARANJA e IMÓNL quiere decir LIMÓN.

¿Puedes leer este mensaje?

ENV A
IM ASAC
ESPUÉSD
ED ASL
LASESC

21	41	33	11		11	51	21	41	11	?

La clave A = Z

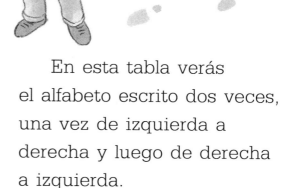

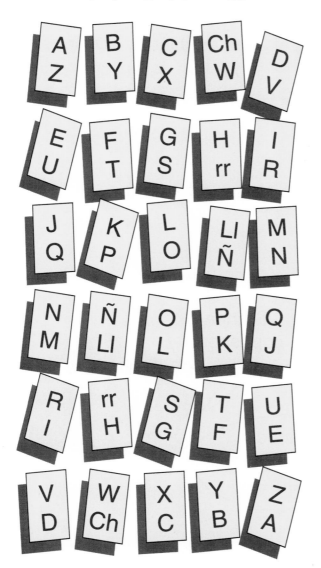

En esta tabla verás el alfabeto escrito dos veces, una vez de izquierda a derecha y luego de derecha a izquierda.

Para escribir una palabra en esta clave, busca la letra que necesitas en la hilera de arriba, pero usa la letra que está debajo de ella.

- En vez de A, escribe Z.
- En vez de Q, escribe J.
- En vez de U, escribe E.
- En vez de Í, escribe R. Y te sale ZJER. Es la palabra AQUÍ en clave.

¿Cómo escribirías HOY NO PUEDO en **La clave A = Z**?

11 45 55 25   21 53 54 11 :

La clave del PA

Se puede escribir y también hablar en **La clave del PA**. Primero, tienes que separar las palabras en sílabas. Después, entre cada sílaba pones PA, PE, PI, PO o PU. Al decidir si pones PA, PE, PI, PO o PU, usa la misma vocal de la sílaba de la palabra.

MARÍA   MAPA-RÍPI-APA
LUPE   LUPU-PEPE
ROSARIO ROPO-SAPA-RIOPO
JOSÉ   JOPO-SÉPE

Granpa coposapa.

Vipi unpu dipinoposaupariopo apayerpe.

55   41   11   23 11 33 33 25 41 11

Para practicar, recita el siguiente poema en **La clave del PA**.

Luna, luna,

dame una tuna.

La que me diste

cayó en la laguna.

Lee el poema en clave varias veces.

Lupu-napa, lupu-napa,

dapa-mepe upu-napa tupu-napa.

Lapa quepe mepe dispi-tepe

capa-yópo enpe lapa lapa-gupu-napa.

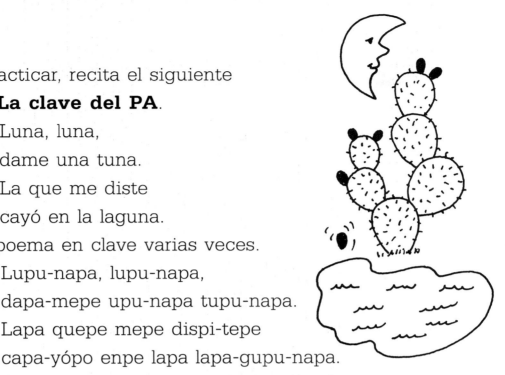

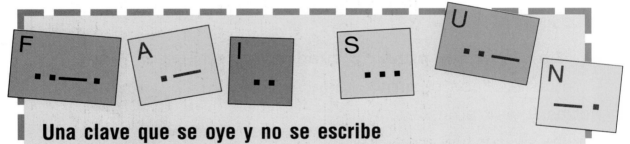

Una clave que se oye y no se escribe

Samuel Morse inventó una manera de enviar mensajes basada en sonidos. Se llama **La clave Morse**. Se usan dos símbolos: el punto y la raya. El punto y la raya son sonidos. El punto dura el tiempo que se tarda en marcar el punto. La raya dura tres puntos. La pausa entre cada letra dura un punto.

Para asignar símbolos a las letras del alfabeto, Morse decidió asignar los símbolos más cortos a las letras más comunes. Para determinar cuáles eran las letras más comunes, contó las letras de un periódico en inglés. Descubrió que las letras que más se repetían eran la *e* y la *t*, seguidas por *a, o, n, i* y *s*. Verás que estas letras se representan con los símbolos más sencillos.

33   21   44   51   21   23   55   41   54   43

CLAVES CON SÍMBOLOS

La clave del punto y cuadro

Hay claves en las que aparecen símbolos en vez de letras. Los símbolos de **La clave del punto y cuadro** vienen del siguiente diagrama.

ABC	ChDE	FGH
IJL	LlMN	ÑOP
QRS	TUV	XYZ

La clave del punto y cuadro sólo emplea 27 letras, con 3 letras en cada cuadrito. Las letras **k** y **w** no están incluidas porque aparecen en muy pocas palabras. Puedes escribir palabras con la **rr** usando la **r** dos veces.

11   33 11   43 54 51 11:

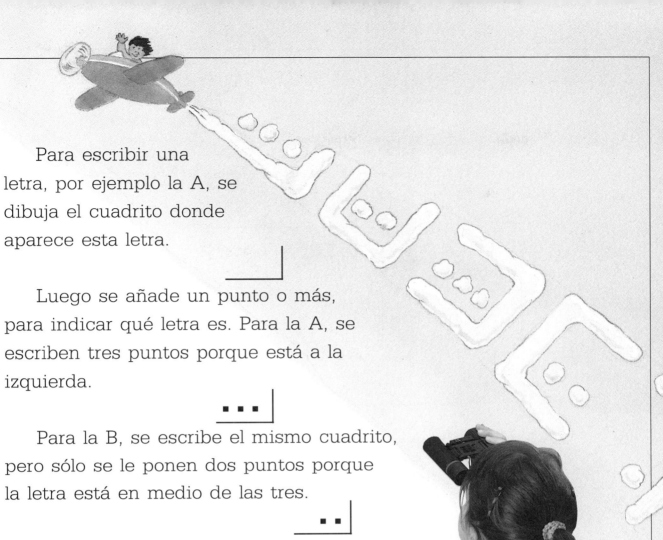

Para escribir una letra, por ejemplo la A, se dibuja el cuadrito donde aparece esta letra.

Luego se añade un punto o más, para indicar qué letra es. Para la A, se escriben tres puntos porque está a la izquierda.

Para la B, se escribe el mismo cuadrito, pero sólo se le ponen dos puntos porque la letra está en medio de las tres.

Para la C, se escribe un punto. Esto indica que la letra está a la derecha de las tres.

Ahora, mira estas letras.
Ésta es la G.

Ésta es la S.

Ésta es la Z.

¿Qué letra es ésta?

— ¿45   55   21   11   41   25   35   11   33

ABC	ChDE	FGH
IJL	LlMN	ÑOP
QRS	TUV	XYZ

¿Estará tu nombre entre éstos?

Una clave que se toca

En tiempos de Louis Braille, había muy pocos libros para la gente ciega. Los había, pero eran muy grandes y pesados y muy difíciles de usar.

Louis Braille quedó ciego cuando era muy pequeño. Asistió al Instituto para Ciegos en París. Allí se destacó en las clases de ciencia y matemáticas y

llegó a ser organista. A los 15 años de edad, Louis inventó un sistema de escritura para los ciegos. Era un sistema de puntos alzados en un cuadrito en una hoja de papel. En cada cuadro podía haber hasta seis puntos. Cada cuadro era una letra.

Louis Braille se quedó en el instituto como profesor, pero nunca le permitieron enseñar su sistema. Los estudiantes iban en secreto a su cuarto a estudiarlo.

15 43 53   61 21 13 21 53?—

Tu propia clave

Cualquier persona puede inventar ilustraciones o símbolos para su propia clave. Quizás te gustaría hacer un alfabeto con dibujos de cosas que empiezan con los sonidos de las letras.

A araña	B bota	C caracol	Ch chivo	D dedo
E estrella	F foca	G gallo	H hoja	I iglú
J jarra	K karate	L libro	Ll lluvia	M monte
N nariz	Ñ ñandú	O oso	P pera	Q quince
R ratón	S sol	T tres	U uvas	V vela
W Washington	X xilófono	Y yo-yo	Z zapato	

33 11   43 54 51 11

¿Puedes leer las cartitas que se mandaron estos amigos?

Una de las claves más secretas

Jean-François Champollion nació en Lot, Francia, en 1790. Cuando tenía cinco años, descifró su primera clave. Completamente solo, aprendió a leer.

A los diez años, vio unos diseños egipcios.

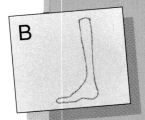   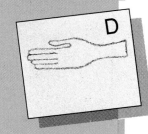

Hasta ese día, nadie había podido descifrarlos. Habían sido un secreto por 3,000 años. Jean-François decidió que él descubriría su clave.

En efecto, eso fue lo que hizo. Estudió mucho y aprendió muchos idiomas. A los treinta años, descubrió que cada diseño, o jeroglífico, representaba un sonido. La primera letra que descifró fue la *p*, después la *o* y luego la *l*.

Gracias a Jean-François, hoy día la gente puede descifrar los diseños egipcios.

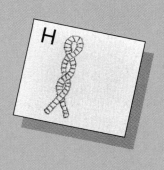  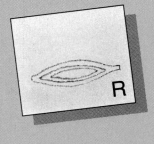

−21 33   23 11 54 43,

CLAVES QUE USAN NÚMEROS

La clave de la tabla numérica

	1	2	3	4	5
1	A	B	C	Ch	D
2	E	F	G	H	I
3	J	K	L	Ll	M
4	N	Ñ	O	P	Q
5	R	rr	S	T	U
6	V	W	X	Y	Z

Si usas esta tabla, podrás usar números en lugar de letras para escribir tu mensaje.

Busca la letra que necesitas. Primero, escribe el número que está en la hilera a la izquierda y luego el que está arriba de esa columna.

A = 11

P = 44

G = 23

¿Qué dice aquí?

¡45-55-21
15-25-61-21-51-54-25-15-43!

44 43 51 45 55 21   21 53   23 11 54 43

La clave del 2 por 2

En la siguiente tabla aparecen las letras del alfabeto.
Debajo de ellas, verás los números pares, del 2 hasta el 60.

A 2	B 4	C 6	Ch 8	D 10	E 12
F 14	G 16	H 18	I 20	J 22	K 24
L 26	Ll 28	M 30	N 32	Ñ 34	O 36
P 38	Q 40	R 42	rr 44	S 46	T 48
U 50	V 52	W 54	X 56	Y 58	Z 60

Para escribir usando esta clave, usa los números en vez de las letras.

Aquí dice lo que voy a comer esta noche.

46-36-38-2

2-44-36-60/6-36-32/38-36-28-36

58

18-12-26-2-10-36

64   11 51 11 42 11.

Escoge una de estas claves para escribir algo en tu diario o para mandar mensajes secretos. O usa tu imaginación para crear tu propia clave. Puedes usar letras, símbolos o números. Trabaja con un amigo. Enséñale tu clave. Pídele la suya. Decidan dónde van a dejar sus mensajes. ¡Que se diviertan!

CONOZCAMOS A LAPA-DAPA JOPO-SEPE-FAPA KRATPA-KYPI

Cuando yo tenía siete años, me gustaba mucho jugar con mis amiguitas. En aquellos años en el Uruguay, no había televisión y nos entreteníamos hablando en espe-papa-ñolpo. Era divertidísimo porque nadie nos entendía.

Años después, al viajar por Egipto con mis hijos, vimos la escritura de los antiguos egipcios y no la pudimos entender. Decidí entonces que sería bueno escribir un ensayo sobre mensajes en clave y lenguajes secretos. ¡Y así salió éste!

Cada libro empieza

El papel

por Silvia Molina

El papel que usa la mayoría de la gente es papel hecho a máquina en fábricas. En este libro Camila describe cómo su familia hace un papel muy especial.

(Editorial Patria, 1985)

Del grafito al lápiz

por Ali Mitgutsch
libro en español de Gertrudis Zenzes

El lápiz es el mejor amigo del escritor. Pero, ¿qué madera se usa para hacer lápices? ¿Cómo ponen el grafito negro dentro de la madera? ¿De dónde viene el grafito? Si no sabes la respuesta a estas preguntas, este pequeño libro te dará muchísima información.

(Fernández Editores, 1987)

Con el escritor

Correo
para
el tigre

Correo para el tigre

por Janosch
libro en español de Ana Pérez

Cuando el tigre se queja porque
no tiene nada que hacer, el
osito decide escribirle una
carta para alegrarlo.
La liebre hace de cartero.
Después, el tigre y el osito
deciden alegrar
a otros animales
y así inventan
el servicio postal.

(Altea, Taurus,
Alfaguara, 1987)

Del
grafito
al lápiz

Del Grafito al
Lápiz

EL HOMBRECILLO DE PAPEL

cuento e ilustraciones
de Fernando Alonso

Era una mañana de primavera
y una niña jugaba en su cuarto.
Jugó con un tren, con una pelota
y con un rompecabezas.
Pero pronto se aburría de todo.

Luego empezó a jugar con un periódico. Primero hizo un sombrero de papel y se lo puso en la cabeza.

Después hizo un barco
y lo puso en la pecera.
La niña se cansó también
de jugar con el sombrero
y con el barco.

Entonces hizo un hombrecillo
de papel de periódico.

Y estuvo toda la mañana
jugando con él.

Por la tarde
la niña bajó al parque
para jugar con sus amigos.
Iba con ella
el hombrecillo de papel.

Al hombrecillo de papel
le gustaron mucho los juegos
de los niños. Y los niños
estaban muy contentos
con aquel amigo tan raro
que ahora tenían.

Por fin todos se sentaron
a descansar. El hombrecillo de papel
de periódico era muy feliz y quería
que los niños estuvieran contentos.

Por eso comenzó a contarles
las historias que sabía.
Pero sus historias
eran historias de guerras,

de catástrofes,

de miserias . . .

Y los niños, al oír aquellas historias,
se quedaron muy tristes.
Algunos se echaron a llorar.
Entonces el hombrecillo de papel
de periódico pensó:
"Lo que yo sé no es bueno,
porque hace llorar a los niños".

Y echó a andar,
solo,
por las calles.
Iba muy triste,
porque no sabía
hacer reír a los niños.

De pronto vio una lavandería.
El muñeco de papel dio un salto
de alegría y, con paso decidido, entró.

"Aquí podrán borrarme todas las cosas que llevo escritas.

Todo lo que hace llorar a los niños."

Al salir . . . ¡nadie le habría reconocido! Blanco como la nieve. Planchado y almidonado como un niño de primera comunión.

Dando alegres saltos, se fue hacia el parque.

Los niños le rodearon muy contentos
y jugaron al corro a su alrededor.
El hombrecillo de papel sonreía satisfecho.

Pero cuando quiso hablar . . .
¡de su boca no salía ni una palabra!
Se sintió vacío por dentro y por fuera.

Y, muy triste, volvió a marcharse.
Caminó por todas las calles de la ciudad . . .
y salió al campo.
Y entonces, de pronto, se sintió feliz.

Y su corazón de papel daba saltos en su pecho.
Y el hombrecillo sonreía, pensando
que tenía un pájaro guardado en su bolsillo.

Y comenzó a empaparse
de todos los colores que veía en los campos.
Del rojo, amarillo y rosa de las flores;
del verde tibio de la hierba;
del azul del agua y del cielo y del aire . . .

Luego se fue llenando
de palabras nuevas
y hermosas.

Y cuando estuvo lleno de color
y de palabras nuevas y hermosas
volvió junto a los niños.

Y cuando descansaban de sus juegos
y de sus risas, les habló.

Les habló de todas las personas
que trabajan para los demás;
para que nuestra vida sea mejor,
más justa, más libre

y más hermosa.
Y sobre el parque
y sobre los ojos de los niños
cayeron estas palabras
como una lluvia fresca.

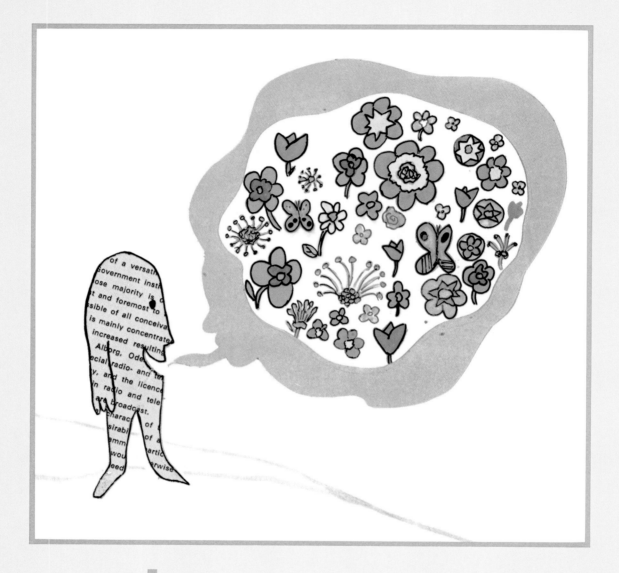

La voz del hombrecillo de papel
se hizo muy suave
cuando les habló de las flores . . .

Y de los pájaros del aire . . .

Y de los peces del río y del mar . . .

Los rostros de los niños y del hombrecillo de papel
se llenaron de sonrisa.

Y cantaron y bailaron cogidos de las manos.

Y todos los días,
a partir de aquella tarde,
el hombrecillo de papel
hacía llover sobre la ciudad
todo un mundo de color
y de alegría.

Conozcamos a Fernando Alonso

A Fernando Alonso le gusta escribir todo tipo de cosas. Ha publicado cerca de cuarenta libros, entre ellos el cuento, "El hombrecillo de papel". También ha escrito para el cine, la radio y la televisión.

Para él lo más importante es escribir. Dice que sus primeros recuerdos lo llevan a los cuentos y que a través de la lectura ha aprendido muchas cosas. Espera que con sus libros pueda contribuir a la lectura de otra gente.

Dice: —Para mí es muy divertido leer un libro porque al recrear la historia que estoy leyendo en mi cabeza, se vuelve mía. Pero, sobre todo, la lectura es una actividad fascinante y divertida.

Palabras hermosas

zig zag

¡zig zag!

serpentear
sin zapatos
el sendero
saltarín

¡zig zag!
laboriosa
costurera
dobladilla
sin dedal

¡zig zag!
sorprendente
luminoso
relámpago
celestial

¡zig zag!
solitaria
rosa hierbas
salamandra
del solar

¡zig zag!

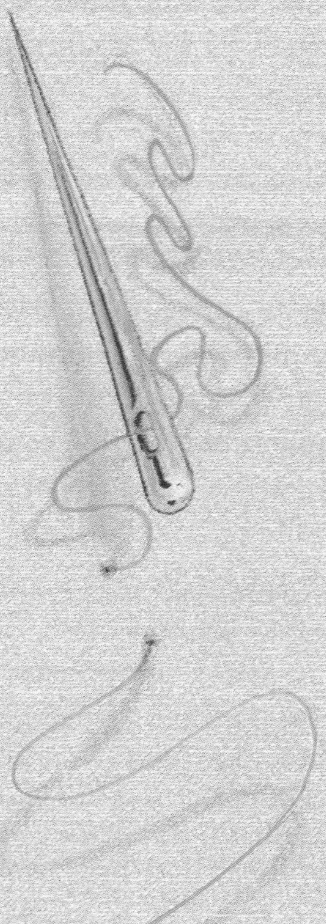

Clarisa Ruiz

IGLÚ

Clarisa Ruiz

GLU
DULCE
IGLU
y glu
glu
glu
glu
glu

CONTENIDO

Amigos somos

Amigos fuimos y somos,
amigos hemos de ser
y nuestra gran amistad
siempre ha de permanecer.

—Tradicional

Mi pueblo se llama San Agustín

La gente puede escribir con palabras. También puede decir lo que siente, lo que sabe o lo que piensa, dibujando. Esto es lo que ocurre con Abraham Mauricio Salazar, quien nos "platica" la vida de su pueblo haciendo dibujos en papel amate. Por eso, en este libro puedes leer las palabras y los dibujos. Ojalá lo leas muchas veces. Parece que tiene mensajes escondidos. A ver tú qué opinas.

Luz María Chapela

ilustraciones de Abraham Mauricio Salazar

Mi pueblo se llama San Agustín Oapan.

En San Agustín hay tiempos distintos que van y
vienen. Tenemos por ejemplo un tiempo para el
agua y en ese tiempo nos bañamos,

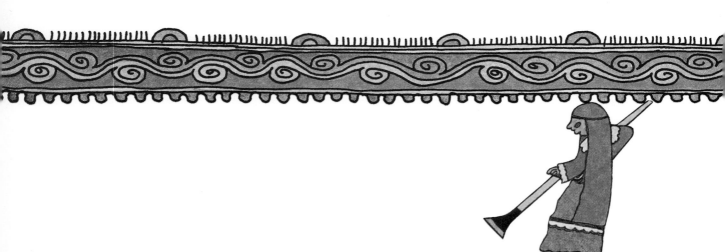

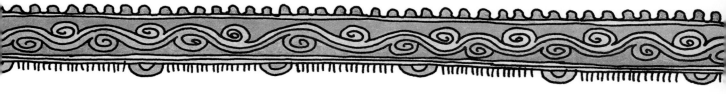

sembramos, o vemos crecer las milpas

y sacamos del río todos los peces que podemos.

Tenemos otro tiempo para los animales y entonces salimos al monte.

Tenemos un tiempo para imaginar y en ese
tiempo hacemos canastos,

hacemos panes,

hacemos animales de barro y dibujos de colores,

hacemos música y máscaras.

Los tiempos de San Agustín van y vienen, por eso
tenemos un tiempo de vivos

y un tiempo de muertos.

Aquí en San Agustín están todos los tiempos:

los que van

y los que vienen.

Algunas veces, cuando el tiempo
se hace demasiado grande,

dejamos nuestras faenas y nos ponemos de acuerdo,

nos preparamos,

y nos vamos reunidos

a celebrar que, aquí en San Agustín,

tenemos muchos tiempos y también un solo tiempo:
el tiempo del amor y la esperanza.

Por eso aquí vivimos nuestras vidas,

abraHam—Mauricio—Salazar

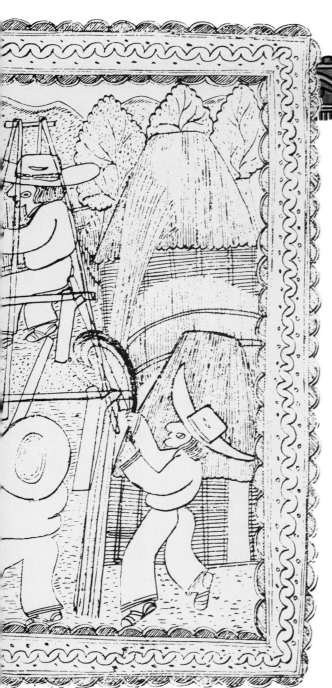

por eso aquí hacemos juntos
nuestras casas.

Conozcamos a Luz María Chapela

Luz María Chapela nació
y creció entre milpas, ríos y
montes. Su mamá le enseñó a
contemplar la lluvia, las nubes
y los atardeceres. Llevaba
a sus once hijos al campo y
les decía: —Abran bien los ojos,
para que se alimente su alma.

La autora dice: —Yo creo
que por eso aprendí
a gozar de las cosas
sencillas: una silla

tejida a mano, un cántaro de barro
con agua limpia del manantial,
los cohetes y las luces de una
fiesta, o una banda de pueblo.

Añade: —Un día, me encontré con
los dibujos de Abraham Mauricio y me dí
cuenta de que él también era feliz dibujando
estrellas, caminos, familias y cosechas. No nos quedó más
remedio que darnos la mano, juntar sus líneas y mis letras
y hacer este pequeño libro para ustedes: los niños y las niñas
que gozan leyendo, escribiendo y hablando en voz baja de
las cosas sencillas. Es para ustedes, con nuestro cariño.

El Sol quería

El Sol quería bañarse
porque tenía calor.
Llevaba el calor por dentro.
La Luna se lo advirtió;
pero el Sol no le hizo caso,
ni siquiera le escuchó,
porque el calor que tenía
le quitaba la razón,
y hacia el caer de la tarde
se tiró al mar y se ahogó.
Al ver que se ahogaba el pobre,
el cielo se oscureció,
las estrellitas lloraban
lágrimas de compasión;
negro todo el mar se puso
de tristeza que le dio.

bañarse

Sólo la Luna en el cielo
muy serena se quedó.
"No se asusten —les decía—,
que no hemos perdido al Sol.
Mañana de mañanita
saldrá por otro rincón,
más fresco que una lechuga
con el baño que se dio".
A la mañana siguiente,
sonriente salió el Sol;
el cielo se puso alegre,
el mar, de gozo, bailó,
las estrellas se reían
del susto que el Sol les dio;
y la Luna, satisfecha,
en su cuarto se durmió.

   —Salvador de Madariaga

Conozcamos a Marta Osorio

De pequeña, Marta Osorio inventaba poemas. Después empezó a escribirlos. De grande, le interesó mucho el teatro y decidió ser actriz. Mientras trabajaba en el teatro, escribió sus primeros cuentos y se dio cuenta de que lo que más le gustaba era escribir.

Dice: —El muñeco de mazapán apareció cuando estaba inventando temas para un libro de cuentos muy cortos, *Cuentos de cinco minutos.* Pero Mazapán empezó a contar enseguida tantas cosas y a hablar tan a su manera, que tuve que dejarle un libro sólo para él.

Añade: —Todos los niños que leen el libro suelen hacerse enseguida muy amigos del muñeco, y me mandan muchas cartas. Algunas de estas cartas vienen escritas directamente para Tonete o Mazapán. Una de ellas dice lo siguiente:

"Querido Mazapán: Quiero escribirte una carta porque eres muy rico. Lo que más me gusta de ti es el pelo, que es de chocolate. Espero que seas muy feliz entre los pasteles. Me gustaría ser amiga tuya igual que el hijo del pastelero. Un abrazo, Noemí"

mazapán

Marta Osorio

ilustraciones de
Irene Bordoy

Era un pastelero que durante todo el año hacía tartas de chocolate, merengues de fresa y pasteles de crema. Cuando llegaba la Navidad, el pastelero amasaba también figuritas de mazapán. Y todos los años hacía una figurita especial para regalársela a su hijo, un niño que se llamaba Tonete.

Aquel año, el pastelero hizo un muñequito
de mazapán con el pelo de chocolate, los ojos
de caramelo y la boca pintada con jarabe
de fresa. Tonete se puso muy contento cuando
vio el muñeco. Le pareció tan bonito que
no quiso comérselo. Se lo llevó a su cuarto
y lo colocó en la mesilla, junto a su cama.

Por la noche, cuando el niño se fue a dormir y ya había apagado la luz, una vocecita empezó a hablarle.

—¡Hola, Tonete! . . .

El niño se restregó los ojos para convencerse de que no estaba soñando y después encendió la luz.

*E*l muñeco de mazapán se había sentado en el borde de la mesilla, debajo de la lámpara. Y lo miraba riéndose con su boca de jarabe de fresa.

—¡Hola, Tonelete! —siguió diciendo.

—Yo no me llamo Tonelete, me llamo Tonete —dijo el niño.

—Pues, ¡hola, Tonete, Tonelete!

—Y dale, que me llamo Tonete —repitió el niño.

—¿Y por qué quieres tener un solo nombre? Muchos nombres es mejor que uno —dijo el muñeco—. Podías llamarte Tonete, Tonelete, Taburete . . .

—¡No! No es igual llamarse Tonete que Tonelete —dijo el niño.

—¿No? . . . Bueno, pero se parecen . . .

El muñeco de mazapán se quedó un ratito callado y luego dijo muy contento: —Pues, fíjate, yo tengo dos nombres. Me llamo MAZA-PÁN, que es igual que llamarse PORRA-PÁN. Y puedes llamarme como quieras.

A Tonete le dio un ataque de risa. Y Mazapán también rió a carcajadas, con su boquita de fresa. Desde aquel día, Tonete estaba deseando irse a la cama por la noche, porque sabía que Mazapán estaba esperándolo y siempre se le ocurrían cosas nuevas que contarle.

*U*na noche, Tonete encontró a Mazapán
muy pensativo.

—¡Ya está, ya está! —dijo al fin—. Estoy
inventando adivinanzas —siguió explicando el
muñeco—. ¿Jugamos? . . . Pues fíjate en ésta.

Y Porrapán empezó a canturrear muy deprisa.

Adivina adivinanza, con qué me lleno la panza . . .

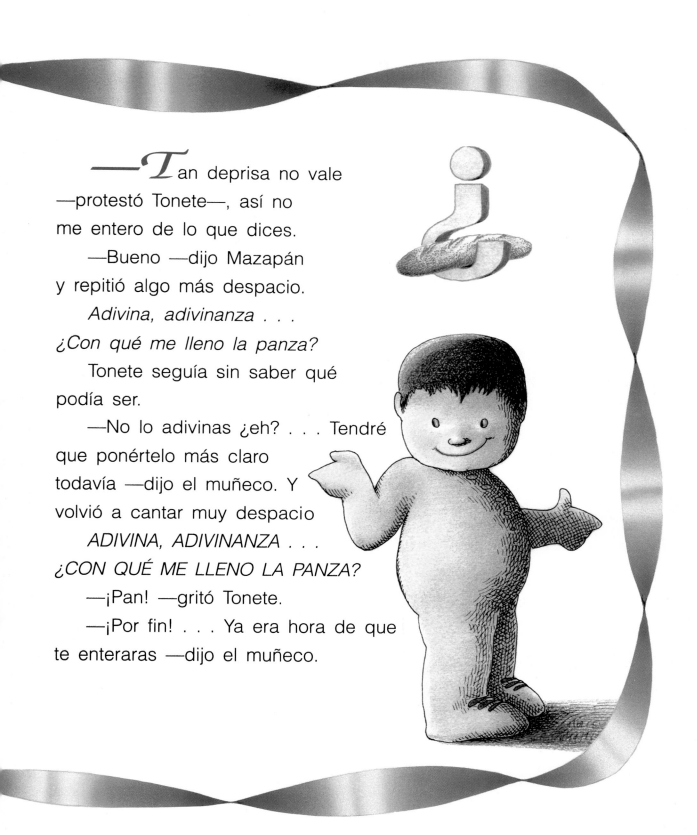

—*T*an deprisa no vale —protestó Tonete—, así no me entero de lo que dices.

—Bueno —dijo Mazapán y repitió algo más despacio.

Adivina, adivinanza . . .
¿Con qué me lleno la panza?

Tonete seguía sin saber qué podía ser.

—No lo adivinas ¿eh? . . . Tendré que ponértelo más claro todavía —dijo el muñeco. Y volvió a cantar muy despacio

ADIVINA, ADIVINANZA . . .
¿CON QUÉ ME LLENO LA PANZA?

—¡Pan! —gritó Tonete.

—¡Por fin! . . . Ya era hora de que te enteraras —dijo el muñeco.

Otra noche, Porrapán empezó a contar: —En
mi país las casas son de chocolate, las montañas
de azúcar y de harina, los ríos de almíbar
y los estanques de natillas, con barcas
de galletas y merengue blanco . . .

—Y ¿dónde está ese país?
—preguntó Tonete sin creerse nada.

—Parece mentira que no lo sepas.
¿Dónde va a estar? . . . Donde nací,
la pastelería de tu padre.

A Tonete nunca se le había
ocurrido pensar que la confitería
de su padre podía ser un país,
ni siquiera para un muñequito
tan pequeño como Mazapán.

—Pues allí pasan
muchísimas cosas.
¿Qué te crees?
—siguió diciendo
Porrapán—. Si vieras las historias que yo sé . . .

$\mathcal{U}$n día, Tonete se encontró a Mazapán muy triste. Estaba sentado y escondía la cara entre las manos. Tonete se asustó mucho.

—¿Qué te pasa, Mazapán?

—Pues que me estoy secando. Y eso es lo que nos pasa a todos los mazapanes antes de rompernos.

A Tonete le dieron ganas de llorar.

—Pero yo no quiero que te rompas. Mira, tendré mucho cuidado, te puedo guardar para que no te dé el aire.

—¿Sabes lo que más me gustaría?
—dijo Mazapán secándose una lágrima dulcísima.

—¿Qué? —dijo Tonete.

—Quedarme a vivir aquí, dentro de un libro.

—¿Y eso se puede hacer? —preguntó Tonete.

—Claro, es muy fácil —dijo Mazapán—. Mira,
tú me traes un cuaderno bien gordo y yo me
encargo de lo demás.

*T*onete se fue a la calle, buscó por todas las papelerías y volvió con el cuaderno más bonito que encontró. Tenía las cubiertas amarillas y muchísimas hojas en blanco.

—*A*quí lo tienes, Mazapanito —dijo el niño, dejando el cuaderno en la mesilla.

Por la noche, mientras Tonete dormía, Mazapán saltó dentro del cuaderno, lo llenó de historias, de adivinanzas, de canciones y de dibujos, lo convirtió en un precioso libro de cuentos y se quedó a vivir en él.

$\mathcal{T}$odos los días, cuando Tonete se acostaba
para dormir, antes de apagar la luz, abría el libro.
Mazapán lo estaba esperando para reír juntos
y contarle una nueva historia maravillosa.

Mi amiga la sombra

en agradecimiento a Robert Louis Stevenson

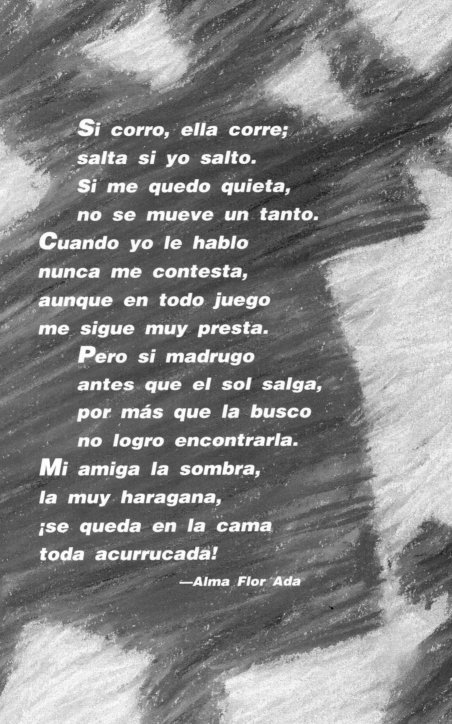

Si corro, ella corre;
salta si yo salto.
Si me quedo quieta,
no se mueve un tanto.
Cuando yo le hablo
nunca me contesta,
aunque en todo juego
me sigue muy presta.
Pero si madrugo
antes que el sol salga,
por más que la busco
no logro encontrarla.
Mi amiga la sombra,
la muy haragana,
¡se queda en la cama
toda acurrucada!

—Alma Flor Ada

Mila Boutan hizo los dibujos de este cuento. Los dibujos fueron hechos de diferentes tipos de papel. Algunos papeles son ásperos. Otros son transparentes y puedes ver a través de ellos. Puedes ver el papel transparente en las páginas en que la niña se mete y sale de la nube.

Algunas de las formas de papel se cortaron con tijeras. Otras se rasgaron. Las nubes y la oveja negra fueron hechas de papel rasgado. La niñita y su casa fueron hechas de papel cortado con tijeras.

Luego, los papeles se pusieron uno arriba del otro para hacer un dibujo entero.

ERA AMIGA DE UNA NIÑA

BERTRAND RUILLÉ

ILUSTRACIONES DE MILA BOUTAN

Había una vez, en el campo, una niña. Era verano. Un día la niña vio una nube, más redonda y más suave que las demás.

"¡Qué bien si bajara a jugar conmigo!", pensó.

También la nube había visto a la niña y le había gustado mucho. Deseó conocerla y descendió adonde estaba la niña.

—Buenos días, niña.

—Hola, nube, buenos días.

Y se hicieron amigas. Todas las noches la nube iba a darle un beso en la cama y todas las mañanas iba a despertarla.

A la niña le gustaba mucho esconderse en la nube.

Dentro, no veía nada. Todo era blanco y olía muy bien.

Cuando olía a hierba y flores, la niña sabía
que la nube había dormido en la pradera.
Y cuando olía a pino, a setas y a resina, sabía
que había dormido en el bosque. Pero la niña
nunca se quedaba mucho tiempo dentro de
la nube porque se ahogaba un poco.

También le gustaba tomar baños de nube.
Cuando salía, tenía la piel húmeda y se sentía
llena de frescor.

Era un verano terriblemente caluroso. Hacía
semanas y semanas que no llovía. Las hojas
y la hierba estaban quemadas por el sol
y los animales apenas encontraban agua
en las charcas.

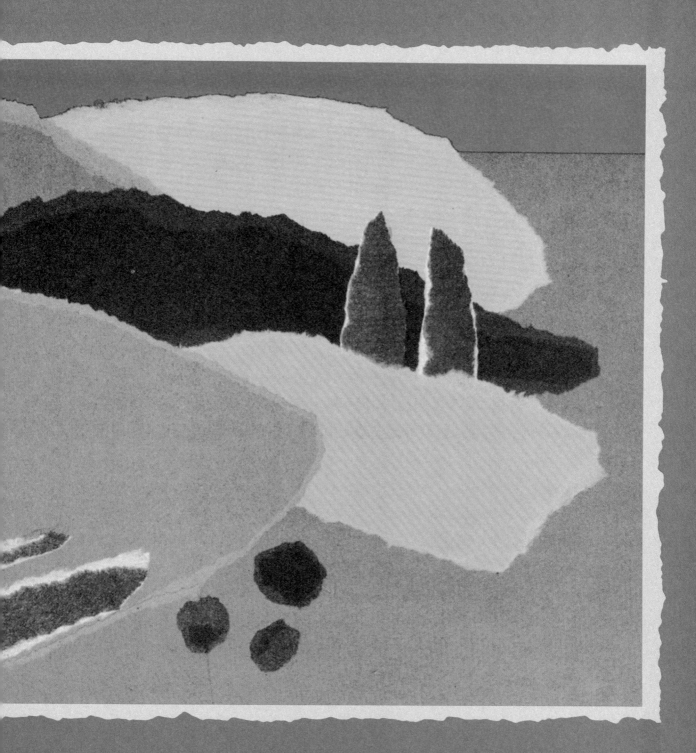

Uno de los animales que se sentía más desgraciado era un cordero negro. Se sentía desgraciado porque tenía mucha lana: era el cordero que más lana tenía de todo el país.

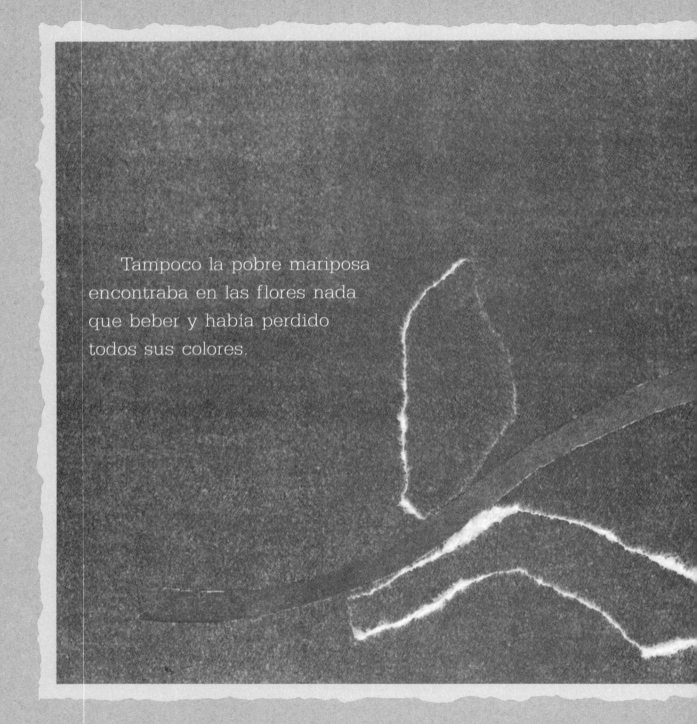

Tampoco la pobre mariposa
encontraba en las flores nada
que beber y había perdido
todos sus colores.

La nube estaba muy triste. Veía que
las plantas y los animales iban a morir.
Entonces, una mañana, muy temprano,
mientras la niña dormía aún, se dijo:
—Voy a salvarlos.

Y se puso a llorar. Pasó por todos
los sitios, muy despacio, para regarlos bien.
Y la hierba volvió a reverdecer y los animales
bebían sin parar en los charcos.

Pero cuanto más agua daba la nube, más disminuía de tamaño. Cuando llegó cerca del cordero negro se había quedado casi tan pequeña como él. A pesar de todo, permaneció largo rato encima del cordero. ¡Estaba tan contento de tomar una ducha fresca!

Y cuando llegó sobre la mariposa apenas abultaba más que ésta. Comprendía que no debía dar más agua, pues si lo hacía iba a desaparecer, iba a morir. Pero aún dio un poco de agua a la mariposa, que bebía, bebía, y recobraba sus colores.

La niña estaba muy extrañada de que la nube no fuera a despertarla. Pero viendo el campo de nuevo verde adivinó lo que había pasado.

Entonces, con todas sus fuerzas, llamó:

—¡Nube, nube!

La nube estaba a punto de tumbarse sobre la hierba y morir cuando oyó la voz de la niña. Hizo entonces un enorme esfuerzo y logró elevarse en el aire para que la niña pudiera verla. ¡Qué pequeña estaba! Pero la niña la vio.

Se la llevó a casa. Era la hora del desayuno
y un tazón de leche humeaba sobre la mesa
de la cocina.

—De prisa —dijo la nube—, ponme encima
de la taza.— Y empezó a tragar vapor.

Durante todo el día, la niña le llevó tazas
humeantes. Por la noche, la nube había engordado
un poco. Pero todavía seguía siendo muy pequeña.
Entonces la niña tuvo una idea. Salió al campo
y gritó: —¡Animales , escuchen! ¡Oigan todos!
Mañana muy temprano, cuando todavía
haga fresco, cuando al respirar se forme vapor,
quiero que vengan todos, para salvar a la nube.

A la mañana siguiente, todos los animales
acudieron. Hasta las hormigas y los gusanos.
Soplaron y soplaron, y la nube se agrandaba
más y más.

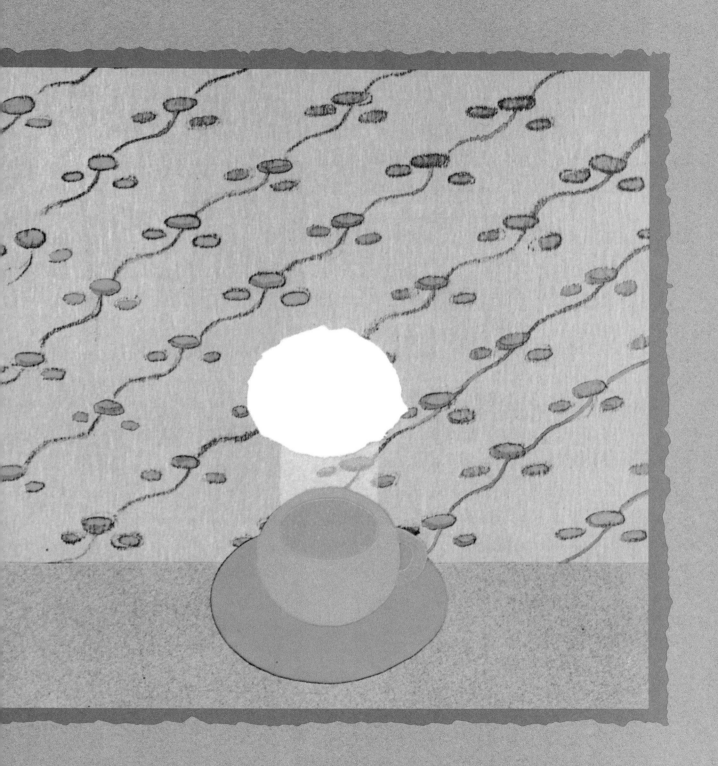

El cordero negro soplaba con todas sus fuerzas, sin parar. ¡Tenía tantas ganas de salvar a la nube!

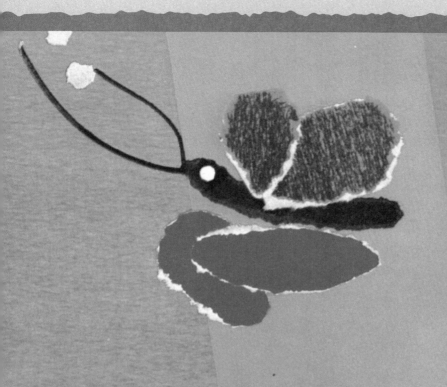

También lo quería la mariposa, pero se había acatarrado un poco bajo la lluvia y una de sus antenas estaba taponada.

Ahora la nube va a marcharse. No quiere
irse, pero la niña la obliga: —Aún no eres
suficientemente grande, tienes que ir al mar,
a la montaña, donde hay mucha bruma
y niebla que te sentarán bien.

—Sí, pero volveré cuando esté curada,
te lo prometo.

Se abrazan. Y la nube se va. Pero estoy
seguro de que volverá.

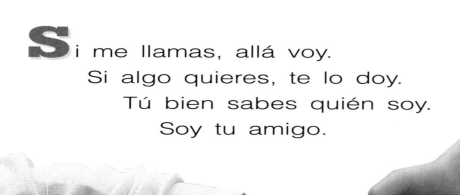

Si me llamas, allá voy.
Si algo quieres, te lo doy.
Tú bien sabes quién soy.
Soy tu amigo.

Rufus

por Tomi Ungerer
libro en español de Pablo Lizcano

Rufus era un murciélago muy
particular. En vez de salir de noche,
empezó a salir de día. Una vez, Rufus
cayó herido y un coleccionista de
mariposas le salvó la vida.

(Ediciones Alfaguara, 1983)

Ana Banana y yo

por Leonor Blegvad
libro en español de María Puncel

Ana Banana y su amigo pasan mucho
tiempo juntos. Bailan, se esconden, leen
y juegan con el eco. Hacen lo que
hacen todos los amigos cuando se
reúnen. ¡Se divierten!

(Altea, Taurus, Alfaguara, 1987)

Jorge y Marta en la ciudad

por James Marshall
libro en español de Cecilia Gómez

Jorge y Marta son hipopótamos y amigos inseparables. Este libro tiene varios cuentos sobre sus graciosas aventuras. En uno, Jorge decide saltar desde un trampolín. Pero, cuando se sube, le da tanto miedo que Marta lo tiene que ayudar.

(Espasa-Calpe, 1985)

Conozcamos a
Mem Fox

Mem Fox, la autora de "Guillermo Jorge Manuel José", es una de las más queridas escritoras australianas de libros para niños. Le encanta leer y escribir. Dice ella: —Leer es la mejor manera de aprender a escribir.

Actualmente vive en la ciudad de Adelaide con su esposo y su hija. Se mantiene muy ocupada como profesora en la Escuela Superior del Sur de Australia; tan ocupada que tiene que escribir sus libros durante la noche.

Conozcamos a
Julie Vivas

Julie Vivas nació en la ciudad de Adelaide, en Australia. Cuando conoció a Mem Fox, decidieron trabajar juntas para escribir e ilustrar el cuento de Guillermo Jorge Manuel José.

Julie ha ganado varios premios, uno de ellos por las ilustraciones de este libro.

Aparte de ilustrar libros de cuentos, Julie también ilustró un libro de cocina para niños y un calendario decorado con dibujos de sus cuentos.

Guillermo Jorge Manuel José

Mem Fox
libro en
español de
Gabriela Uribe

ilustraciones de Julie Vivas

Había una vez un niño llamado
Guillermo Jorge Manuel José. ¿Y saben?
Ni siquiera era un niño muy grande.

Su casa quedaba al lado de un hogar
para ancianos y conocía a todas las personas
que vivían allí.

Le gustaba la señora Marcano, que por las tardes
tocaba el piano. Y también el señor Tancredo, que
le contaba cuentos de miedo.

Jugaba con el señor Arrebol, que estaba loco por el béisbol. Hacía mandados para la señora Herrera, que caminaba con un bastón de madera. Y admiraba al señor Tortosa Escalante, que tenía voz de gigante.

Pero su amiga favorita era la señorita
Ana Josefina Rosa Isabel porque
tenía cuatro nombres igualito que él.
La llamaba señorita Ana y le contaba
todos sus secretos.

Un día, Guillermo Jorge Manuel José escuchó a su papá y a su mamá hablando de la señorita Ana.

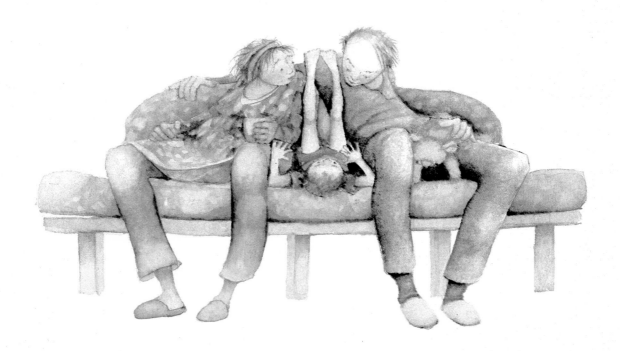

—Pobre viejecita —dijo su mamá.

—¿Por qué es una pobre viejecita? —preguntó Guillermo Jorge.

—Porque ha perdido la memoria —dijo su papá.

—Lo que no es raro —dijo su mamá—. Después de todo, tiene noventa y seis años.

—¿Qué es una memoria? —preguntó Guillermo Jorge.

—Es algo que se recuerda —contestó su papá.

Pero Guillermo Jorge quería saber más. Fue a
ver a la señora Marcano, que tocaba el piano.

—¿Qué es una memoria? —preguntó.

—Algo tibio, mi niño, algo tibio.

Fue a ver al señor Tancredo, que le contaba cuentos de miedo.

—¿Qué es una memoria? —le preguntó.

—Algo muy antiguo, muchacho, algo muy antiguo.

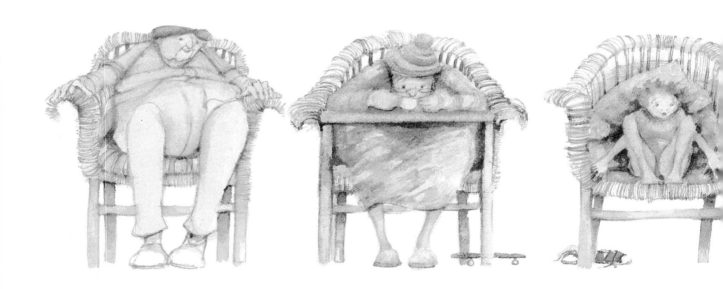

Fue a ver al señor Arrebol, que estaba loco
por el béisbol.

—¿Qué es una memoria? —le preguntó.

—Algo que te hace llorar, jovencito, algo que
te hace llorar.

Fue a ver a la señora Herrera, que caminaba
con un bastón de madera.

—¿Qué es una memoria? —le preguntó.

—Algo que te hace reír, mi cielo,
algo que te hace reír.

Fue a ver al señor Tortosa Escalante,
que tenía voz de gigante.

—¿Qué es una memoria? —le preguntó.

—Algo precioso como el oro, niño,
algo precioso como el oro.

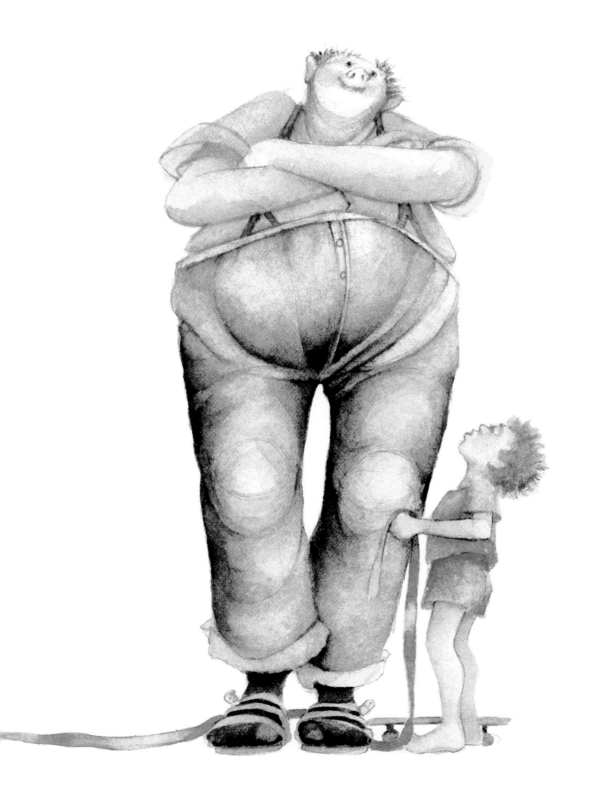

Entonces, Guillermo Jorge regresó a su casa
a buscar memorias para la señorita Ana,
porque ella había perdido las suyas.

Buscó las viejas conchas de mar que hacía tiempo había recogido en la playa y las colocó con cuidado en una cesta.

Encontró la marioneta que hacía reír a todo el mundo y también la puso en la cesta.

Recordó con tristeza la medalla que su abuelo le había regalado y la puso suavemente al lado de las conchas.

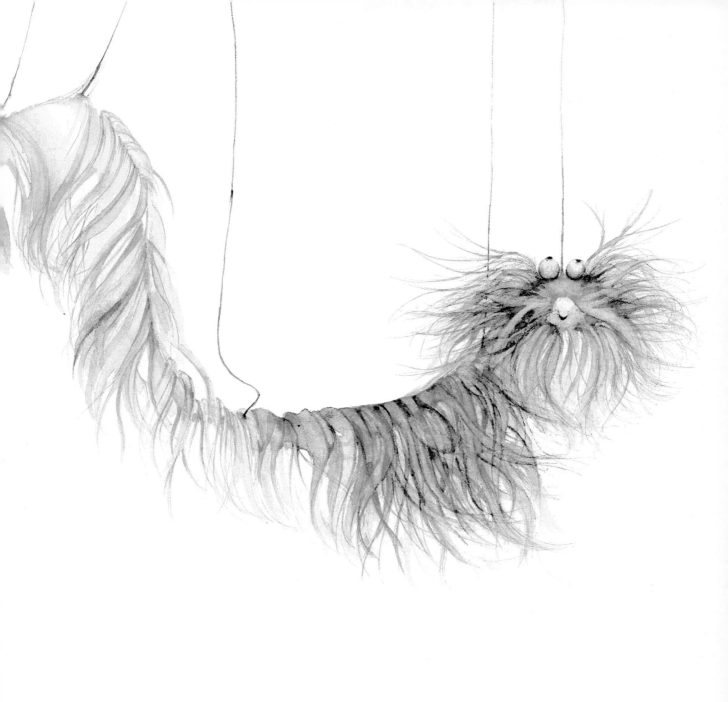

Luego, encontró su pelota de fútbol, que era preciosa como el oro, y por último, camino de la señorita Ana, pasó por el gallinero y sacó un huevo calientico de debajo de una gallina.

Entonces, Guillermo Jorge se sentó con la señorita Ana y le fue entregando cada cosa, una por una.

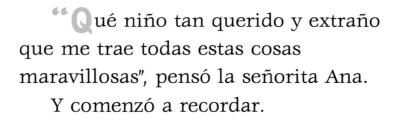

"Qué niño tan querido y extraño
que me trae todas estas cosas
maravillosas", pensó la señorita Ana.
Y comenzó a recordar.

Sostuvo el huevo tibio en sus manos y le contó
a Guillermo Jorge de los huevos azules que una
vez encontró en el jardín de su tía.

Acercó una concha a su oído y recordó el viaje
en tren a la playa, hace muchos años, y el calor
que sintió con sus botines altos.

237

Tocó la medalla y habló con
tristeza de su hermano mayor
que había ido a la guerra y no
había regresado jamás.

Se sonrió con la marioneta
y recordó la que ella le había
hecho a su hermana pequeña
y cómo se había reído con
la boca llena de avena.

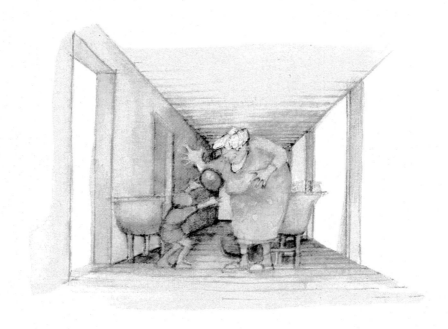

Le lanzó la pelota
a Guillermo Jorge y recordó
el día en que lo conoció y
los secretos que se habían contado.

Y los dos sonrieron y
sonrieron, porque la memoria
de la señorita Ana había sido
recuperada por un niño que tenía
cuatro nombres y ni siquiera
era muy grande.

UN COFRECITO DE RECUERDOS

Las memorias son un tesoro que vale más que el oro. ¿Qué recuerdas del año pasado? Junta algunas cositas que te recuerdan momentos felices, un lugar especial que visitaste o a tu mejor amigo. ¡Cualquier memoria que sea importante para ti! Pueden ser piedras, que te recordarán el río, o puede ser una flor, que te recordará a la persona que te la regaló.

Pon las cosas en una cajita y decórala a tu gusto hasta que sea un cofrecito bien especial. Después de todo, tus memorias valen más que el oro.

Cofre de recuerdos
de Socorro
del año 1992 a
1993

Tú y yo

Cuando paso por tu casa
y te veo en la ventana
se me alegra el corazón
para toda la semana.

—Tradicional

La amistad

Hace que la vida tenga
un encanto especial.

—Anónimo

CONTENIDO

Aguas Agüitas y Aguaceros

No se te vaya a olvidar
que jugando con agua
te vas a mojar.

—Ernesto Galarza

LA LLAMA Y EL GRAN DILUVIO

cuento e ilustraciones de Ellen Alexander

Los quechuas de Perú dicen que, en tiempos antiguos, antes de la llegada del dios Viracocha, hubo un momento en que este mundo iba a dejar de existir. Cierta llama que vivía en un lugar muy alto de la cordillera de los Andes sabía lo que iba a pasar. Había soñado que el mar se desbordaba e inundaba el mundo entero.

La llama se preocupó tanto por este sueño que no
pudo comer más. Caminaba, día tras día, llorando.

Se comportó de esta manera aun cuando su atento
amo le había dado una hermosa pradera para que
pastara en ella.

Pronto, la llama empezó a adelgazar. Su amo comenzó a preocuparse por ella y después a enojarse.

Finalmente, le tiró una mazorca y le gritó:

—¿Por qué no comes, animal tonto?

—Te dejo pastar en esta hermosa pradera y tú
lo único que haces es quedarte parada llorando.

La llama lo miró y, con gran tristeza, le contestó en el idioma del hombre: —¡Tú eres el tonto! ¿No sabes lo que va a pasar? En cinco días el mar se va a desbordar. ¡Sí, es verdad! ¡El mundo quedará destruido!

El hombre se asustó y le preguntó a la llama:

—¿Qué nos va a pasar? ¿Cómo nos podemos salvar?

La llama le contestó: —Vayamos a la cima de Willka Qutu. Allí nos salvaremos. Pero trae comida para cinco días.

El hombre corrió a su casa para decírselo
a su esposa y buscar comida. Entonces, la familia
subió a la montaña más alta.

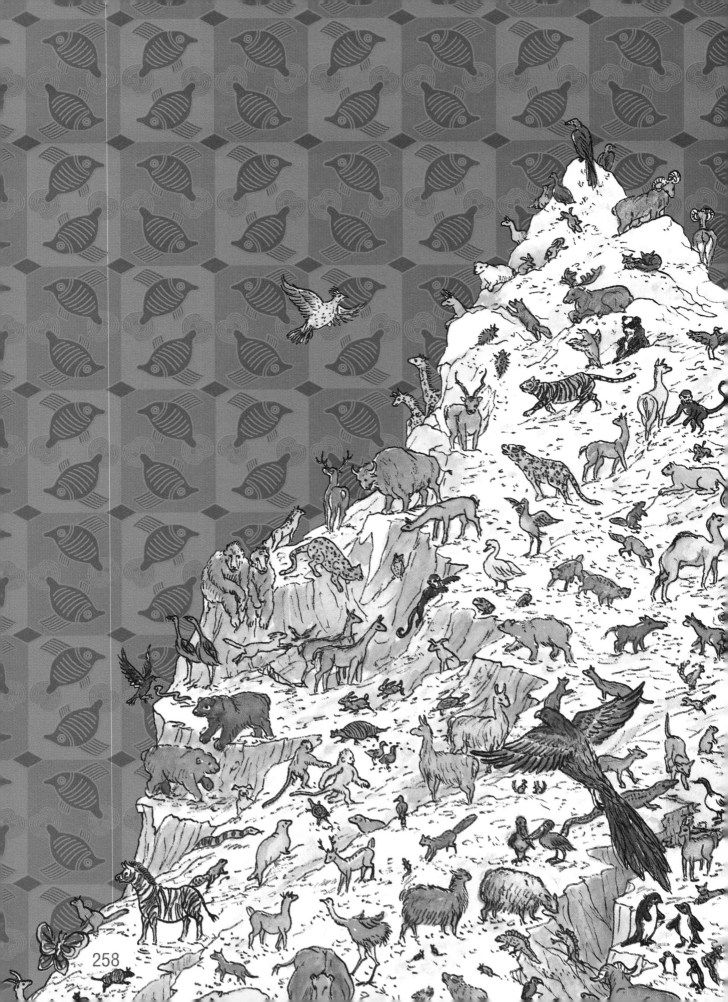

Cuando llegaron a la cima de Willka Qutu vieron reunidos allí todo tipo de animales.

Había más llamas, alpacas y guanacos, leones y zorros, pequeños ratones y grandes cóndores.

Había ovejas, armadillos, coloridas guacamayas y animales de todas clases.

Casi en seguida el mar se empezó a desbordar y todos quedaron aislados. El mar cubrió las demás montañas. Sólo la cima de Willka Qutu quedó fuera del agua.

Se dice que el agua llegó hasta la cola del zorro y la pintó de negro. Hoy todavía es de ese color.

Al final de cinco largos y fríos días, el mar bajó otra vez y todo se empezó a secar.

Cuando el mar terminó de descender,
todos vieron que ya no quedaba ni gente
ni animales en el mundo.

Sólo quedaban la gente y los animales que miraban todo esto desde la cima de Willka Qutu.

Lentamente, empezaron a bajar hasta llegar
de nuevo a las praderas y a los valles.

Las personas empezaron a construir sus casas de piedra otra vez y el corral para la llama. Plantaron maíz y papas.

Pronto, otras personas y animales nacieron, y todos eran hijos de los que habían estado en Willka Qutu.

La gente andina todavía habla del gran
diluvio y cree que Willka Qutu y la llama fueron
quienes los salvaron de la destrucción.

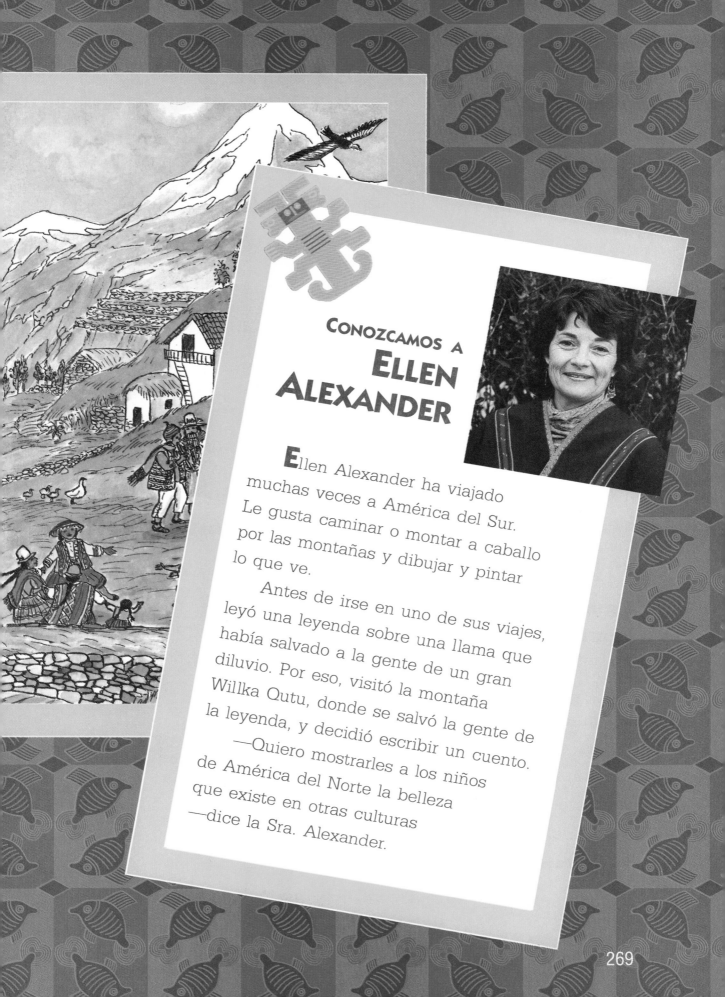

CONOZCAMOS A ELLEN ALEXANDER

Ellen Alexander ha viajado muchas veces a América del Sur. Le gusta caminar o montar a caballo por las montañas y dibujar y pintar lo que ve.

Antes de irse en uno de sus viajes, leyó una leyenda sobre una llama que había salvado a la gente de un gran diluvio. Por eso, visitó la montaña Willka Qutu, donde se salvó la gente de la leyenda, y decidió escribir un cuento.

—Quiero mostrarles a los niños de América del Norte la belleza que existe en otras culturas —dice la Sra. Alexander.

Agua hasta los codos

LAVACARROS

¿A dónde vas, osito polar?

por Hans de Beer

Lars, el pequeño oso polar, va con
su papá hasta el mar, donde aprende
a nadar. Esa noche se separa el trozo
de hielo donde se durmió. Mientras
duerme, Lars se aleja más y más de
su papá. ¿Dónde parará? ¿Se volverán
a ver algún día?

(Editorial Lumen, 1988)

Agua corriente, agua cambiante

por Lisa Westberg Peters
libro en español de Lada Josefa Kratky

El agua está en la lluvia, en las
nubes, en la nieve, en el vapor.
Está en los ríos y en el mar.
Lee este libro para saber cómo
cambia el agua.

(Macmillan/McGraw-Hill, 1993)

La mujer que brillaba aún más que el sol

La leyenda de Lucía Zenteno
por Rosalma Zubizarreta,
Harriet Rohmer, David Schecter

Nadie en el pueblo sabía quién era Lucía Zenteno ni de dónde venía. Un día cuando se fue a bañar al río, el río se enamoró de ella. La gente comenzó a tenerle miedo y no le ofrecían su amistad. Al fin ella se fue del pueblo pero se llevó al río. ¿Qué hará la gente ahora?

(Children's Book Press, 1991)

271

El sol, el viento

Lisa Westberg Peters
ilustraciones de Ted Rand

y la lluvia

Éste es el cuento de dos montañas.
Una se formó de la tierra. Isabel, quien llevaba puesto
un sombrero amarillo, hizo la otra.

La tierra hizo su montaña hace millones de años.
Empezó siendo una laguna subterránea. Primero era blanda
y caliente como el fuego, luego, fría y dura como una roca.

Isabel hizo la suya hoy en la playa con baldes
llenos de arena mojada.

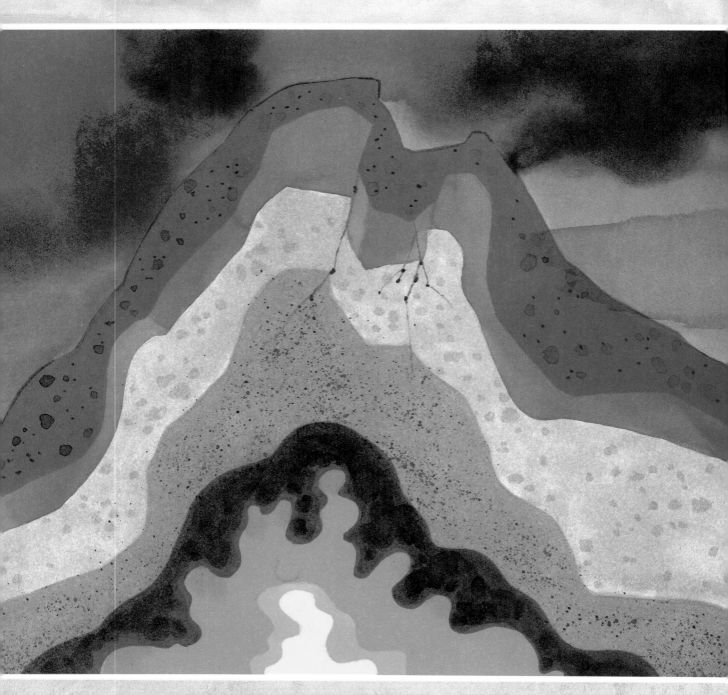

Pasaron miles y miles de años. La tierra se agrietó
y se movió hasta que las rocas de la montaña empezaron
a subir lentamente.

Rápidamente, Isabel amontonó la arena
y la fue aplanando toda alrededor.

La montaña de la tierra resplandecía en el cielo.
Animales lanudos se paseaban en sus verdes valles.

La montaña de Isabel era casi tan alta como ella.
Tenía árboles hechos de ramitas y animales hechos de
piedritas. Isabel estaba orgullosa de su linda montaña de
arena.

Día tras día, año tras año, el sol azotaba los picos empinados de la montaña de la tierra. El viento aullaba en los cañones.

El calor de la tarde empezó a secar la montaña
de Isabel. La brisa aflojó unos granitos de arena, que
volaron y se metieron en los ojos y el pelo de Isabel.

Un sinfín de tempestades azotaban la montaña
de la tierra. El agua se deslizaba entre las rocas,
haciéndolas pedazos que caían en pequeños arroyos.

De repente cayó una llovizna e Isabel vio que el agua
empezaba a destruir la montaña que tanto le había
costado construir. Sus lágrimas empezaron a caer,
como la lluvia.

Los arroyuelos se unieron para convertirse en un río feroz. El río formó un profundo valle. Trituró las rocas ásperas de la montaña de la tierra hasta convertirlas en piedras lisas.

Isabel veía cómo la lluvia estaba formando
pequeños valles en su montaña. Diminutos ríos
se llevaban la arena hacia la playa.

Al alejarse de la montaña de la tierra, el río trituraba las piedras, las convertía en arena y llevaba la arena hacia una llanura. Luego, se vaciaba en el mar.

Isabel vio que la arena de su montaña iba
formando pequeños abanicos. Se secó las lágrimas.

En poco tiempo, para la edad de la tierra, la montaña convirtió las rocas en arena y los picos empinados en llanuras.

Después de unos minutos, dejó de llover.
La montaña de Isabel era sólo un bulto en la playa.

Las gruesas y pesadas capas de arena se hundieron
y fueron metiéndose en la tierra hasta que quedaron
comprimidas y convertidas en capas de arenisca.

Isabel tomó un poco de arena de uno de los abanicos en la playa. Se sonrió. La arena estaba mojada y dura, justo como debía. Esta vez se apresuró, ya que el sol estaba bajando.

La tierra se agrietó y se movió otra vez. Las
capas de arenisca se alzaron lentamente,
doblándose y quebrándose, para convertirse en
una nueva montaña.

Isabel terminó su nueva montaña de arena.
Se sacudió la arena de las manos, recogió el balde
y caminó por la playa.

Ahora Isabel camina por la nueva montaña de la tierra. Anda con cuidado por el sendero empinado de la playa. Cuando para a descansar, mira hacia abajo y ve un montoncillo de arena a lo lejos. Se ve muy pequeño.

Cuando se voltea para seguir adelante, Isabel
toca la pared de arenisca. Pequeños granitos de
arena caen sobre sus hombros.

Se los sacude y los ve caer al suelo, donde
se quedarán por un corto tiempo . . . bajo el sol, el viento
y la lluvia.

Conozcamos a
Lisa Westberg Peters

Lisa Westberg Peters quería escribir un libro para niños que explicara la geología y cómo cambian las montañas con el paso del tiempo.

—Tuve la suerte de tomar unas buenas clases de geología e hice varios viajes inolvidables a las montañas —dijo ella. Después visitó una montaña en la costa del estado de Washington y escribió el cuento "El sol, el viento y la lluvia".

Conozcamos a
Ted Rand

Ted Rand dice que la montaña que pintó en la cubierta de "El sol, el viento y la lluvia" es el monte Rainier en la cordillera Cascade del estado de Washington. Dice que la playa y la costa son muy parecidas a las de Puget Sound y a la costa del Pacífico.

—Quiero animar a los jóvenes lectores a que dibujen y disfruten al hacerlo. El dibujo es una segunda lengua para mí y espero que lo sea también para ustedes —dice el Sr. Rand.

Agua, agua, sin fin

El sabor del mar

El sabor del mar
es un sabor que me pone a cantar.

—*Carlos Pellicer*

Derecho de propiedad

¡Nada es tan mío
como el mar
cuando lo miro!

—Elías Nandino

Nombres

El planeta debió llamarse *Mar*.
Es más agua que *Tierra*.

—José Emilio Pacheco

La vuelta

Ann Cameron

ilustraciones
de Ann Strugnell

del río

Esto lo aprendí en la escuela: el cuerpo humano está compuesto, principalmente, de agua.

Creemos que somos sólidos, pero no es verdad. Te puedes dar cuenta por la sangre y las lágrimas y otras cosas, que por dentro no eres igual que por fuera, pero si no fuera por esto, no lo sabrías.

Además, la tierra está compuesta casi por completo de agua: tres cuartas partes es océano. Los continentes son sólo un lugar donde se hace escala. Y por medio del agua —riachuelos, ríos y mares— cualquiera podría colocar un mensaje en una botella y mandarlo alrededor del mundo.

Ése era mi plan secreto.

Tenía una botella con corcho. Tenía
un papel y un bolígrafo. Escribí un mensaje:
Al que encuentre esta botella, favor de escribir
o llamarme para decirme dónde fue
que la encontró.

Apunté mi dirección y el número
de teléfono. Entonces tapé la botella
con el corcho y la llevé al río.

Tiré la botella lo más lejos que
pude. Cayó en el agua con un gran
salpicón, subió a la superficie
y por fin flotó. La observé
hasta que ya no la podía ver.

Me quedé pensando en mi plan secreto.

A lo mejor mi botella iría rumbo a Hawaii.

Quizás iría rumbo a Francia.

Quizás iría rumbo a la China.

Quizás yo le podría escribir cartas
a la persona que la encontrara y nos podríamos
hacer amigos. Yo iría a visitar a la persona
al lugar donde viviera.

Me podía imaginar en Río de Janeiro,
bailando en las calles.

Me podía imaginar en la India,
montado en un elefante.

Me podía imaginar en África,
domando leones salvajes.

Pasó una semana.

Me preguntaba cuánto
tardaría en recibir noticias
de la persona que encontrara
la botella. Podrían pasar meses.

Quizás mi botella iría
al Polo Norte y
un cazador esquimal
la encontraría
enterrada en el hielo.
Entonces me di
cuenta de que podría

permanecer en el hielo durante años antes de que
la encontraran. O alguien me podría llamar o escribir,
y ya para entonces me habría olvidado de ella.

Decidí escribirme una notita y esconderla en
mi escritorio, donde la podría encontrar cuando fuera
mayor. Así me acordaría de la botella.

Querido Julián ya mayor, escribí. *¿Te acuerdas
de la botella que echaste al río?* Y entonces apunté
la fecha y el año en que la tiré.

Acababa de esconder el mensaje en la parte
de atrás del escritorio cuando sonó el teléfono.

Era Gloria.

—¡Julián, tengo noticias para ti! —me dijo.

—¿De veras? —le contesté. Si no eran noticias
sobre mi botella, no podían ser importantes.

—Julián —me dijo Gloria—, se trata de
tu botella, la del mensaje. ¡La encontré!

Gloria parecía estar muy contenta. Yo no
lo estaba. Se suponía que mi botella viajaría
alrededor del mundo.

—¿Oye, Julián? —dijo Gloria.

No contesté.

¡Tanta agua por la cual viajar!
¡Tantos países por ver! ¡Un mundo
lleno de desconocidos! ¿Y adónde
llega la muy estúpida botella?

¡A casa de Gloria!

—¿Julián? —dijo Gloria—. ¿Todavía estás allí?

No podía hablar. Estaba demasiado molesto. Colgué el teléfono.

Gloria me vino a buscar.

—Dile que no estoy —le dije a Hugo.

Hugo le abrió la puerta. Dijo:

—Julián dice que no está.

—¡Oh! —dijo Gloria y se fue.

Después de varios días, mi papá se empezó a dar cuenta.

—Hace tiempo que no vemos a Gloria —dijo.

—No quiero verla —le dije.

—¿Por qué no? —preguntó mi papá.

—Porque no.

Entonces fue que decidí contarle a mi papá lo de la botella y cómo fue que Gloria la encontró. Ya no valía la pena mantener el secreto. Ya no había secreto alguno.

—Qué pena —dijo mi papá—. Pero no es culpa de Gloria.

—Ella fue la que encontró la botella —dije—. Se debe de estar riendo de mí por haber intentado una idea tan estúpida.

—La idea no es estúpida —dijo mi papá—. Lo único es que tuviste mala suerte.

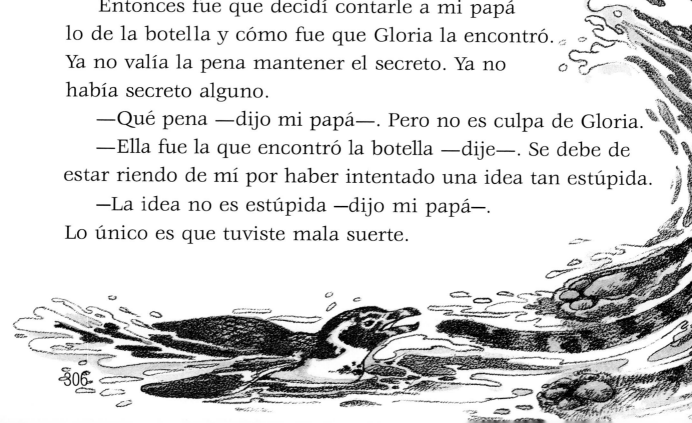

—¿Sabes cuál fue el problema?
La vuelta que da el río. La botella
se atascó allí y no pudo seguir.

Me empecé a sentir mejor. Fui a visitar
a Gloria.

—Quería devolverte la botella —dijo Gloria.
Y añadió: —Pensé que era una gran idea
lo de mandar un mensaje en una botella.

—Bueno, quizás sea una buena idea, pero es
una buena idea que no sirve porque el río da
una vuelta. La botella se atascó y no pudo seguir
el viaje —le expliqué.

—Así parece —dijo Gloria.

—Julián —dijo mi papá—, tengo que
hacer un viaje largo en camión el sábado. Voy a
recoger unas piezas para automóviles. Pasaré
cerca del puente grande que cruza el río.
¿Te gustaría venir conmigo?
Le dije que sí.

—¿Sabes? —dijo mi papá—, podríamos hacer algo. Podríamos caminar por el puente. Y si quieres, podrías mandar otro mensaje. De allí, la botella tendría una mejor oportunidad. El puente queda más allá de la vuelta del río.

Lo pensé. Decidí intentarlo. Se lo dije a mi papá.

—¿Sabes? —dijo él—, si no te molesta que te dé un consejo, deberías incluir algo muy tuyo en la botella para la persona que la encuentre.

—¿Por qué? —pregunté.

—Pues porque le dará al viento y al agua algo muy especial que llevar. Si mandas algo que sea importante para ti, a lo mejor te traiga suerte.

Empecé a redactar el nuevo mensaje. Y entonces pensé en Gloria y en Hugo. Se me ocurrió que a ellos quizás les gustaría mandar botellas también. Ya no me parecía tan importante ser el único en hacerlo.

Y eso fue lo que hicimos. Cada uno consiguió una botella y a las tres les añadimos algo muy especial. Hicimos dibujos de nosotros mismos para incluirlos en nuestras respectivas botellas.

En la suya, Hugo metió su chiste favorito:
¿Qué le dijo un pez al otro?
Nada.

En la suya, Gloria metió las instrucciones para hacer una voltereta.

Yo, en la mía, agregué instrucciones sobre el cuidado de conejos.

Agregamos nuestras direcciones y números de teléfono y tapamos las botellas con corchos muy apretados. Estábamos listos para el sábado.

El puente era largo y plateado y brillaba al sol. Era tan grande que parecía haber sido hecho por gigantes, pues los seres humanos no podían haberlo hecho. Pero sí lo hicieron.

Mi papá estacionó junto al puente. Dijo:

—Ahora vamos a pie.

Salimos del camión, que siempre huele a las pasas que Papá guarda sobre el tablero.

Nos echamos a andar por la banqueta del puente hasta llegar a la mitad. Los carros zumbaban junto a nosotros. Cada uno llevaba su botella en la mochila.

El puente se mecía ligeramente. Lo podíamos sentir vibrar. Mi papá llevaba a Gloria y a Hugo en cada mano. Yo llevaba en mi mano la otra mano de Gloria.

—Da un poco de miedo pero no es peligroso —dijo mi papá al llegar.

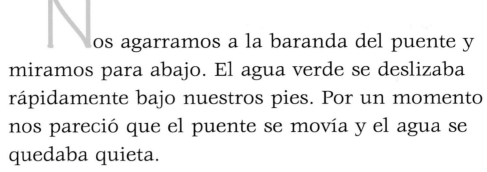

Nos agarramos a la baranda del puente y miramos para abajo. El agua verde se deslizaba rápidamente bajo nuestros pies. Por un momento nos pareció que el puente se movía y el agua se quedaba quieta.

Sacamos las botellas.

—Todavía no las tiren —dijo mi papá—. Pidan antes un deseo. Mandar mensajes alrededor del mundo es algo muy importante.

—Y cuando se hace algo importante, siempre es una buena idea pedir un deseo.

Así lo hicimos.

No sé qué pidieron Gloria o Hugo. El mío fue que todas las botellas viajaran juntas. Deseé que no se encajaran en algas o en el hielo, y que no se estrellaran contra las rocas. Deseé que pudiéramos hacer nuevos amigos al otro lado del mundo. Deseé que pudiéramos ir a conocerlos algún día.

—¿Listos? —dijo mi papá.

Juntos tiramos las botellas al agua. Salpicaron un poco al caer. Parecían muy pequeñitas pero podíamos distinguir que emprendían el viaje hacia el mar.

Eran como las tres carabelas de Colón. Mi deseo fue que se quedaran juntas mucho, mucho tiempo.

Conozcamos a

Ann Cameron

"Un libro es como un mensaje en una botella: nunca sabes a quién le llegará, o lo que significará para esa persona."

La idea de los cuentos sobre Julián, su hermano Hugo y su mejor amiga, Gloria, vino de las historias sobre su niñez que le contó su amigo Julián a la Srta. Cameron.

Conozcamos a

Ann Strugnell

Ann Strugnell ha ilustrado *The Stories Julian Tells, More Stories Julian Tells* y *Julian, Dream Doctor.*

La señora Strugnell estudió escultura antes de empezar a ilustrar libros para niños. Vive en Londres, Inglaterra, con su esposo y sus dos hijos.

313

¿Flota o no?

—**N**o se puede mezclar agua con aceite
—dice la gente. ¿Por qué no?

Algunos líquidos no se mezclan con otros.
Algunos líquidos flotan o se hunden en otros
líquidos. Algunos objetos flotan o se hunden
en líquidos. Haz este experimento y verás.

1 Echa el almíbar en el frasco.

Vas a necesitar:
- ⭘ Un frasco, alto y transparente
- ⭘ Almíbar
- ⭘ Aceite para cocinar
- ⭘ Agua con tinte rojo
- ⭘ Alcohol con tinte azul
- ⭘ Una uva
- ⭘ Un corcho
- ⭘ Un bloque de plástico

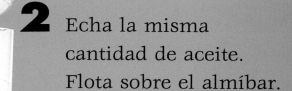

2 Echa la misma cantidad de aceite. Flota sobre el almíbar.

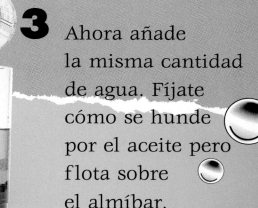

3 Ahora añade la misma cantidad de agua. Fíjate cómo se hunde por el aceite pero flota sobre el almíbar.

4 Por último, añade la misma cantidad de alcohol, que es el líquido más liviano. Flota sobre el aceite.

5 Ahora añade el bloque de plástico, el corcho y la uva. ¿Qué pasa?

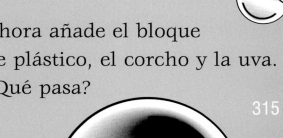

EL RÍO

Siempre soñando hacia el mar
como una canción de plata,
va cantando en sus cristales
desde la noche hasta el alba:
viene cargado de pájaros,
viene oloroso a montaña:
¡siempre soñando hacia el mar
camino que nunca acaba!

—Cesáreo Rosa-Nieves

Yaci

y su muñeca

cuento popular de Brasil

adaptación de
Concepción Zendrera

ilustraciones de
Gloria Carasusan Ballve

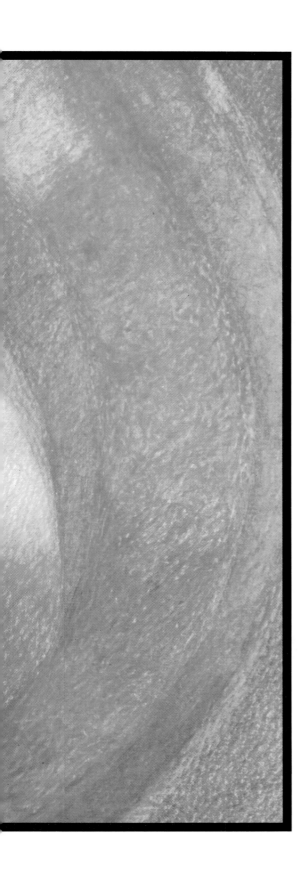

Yaci vivía con sus padres en un poblado llamado Caximbo, dentro de la Gran Selva brasileña.

Yaci tenía una muñeca que no era igual a las demás porque se la había hecho ella misma con una mazorca de maíz, vestida con las hojas de la misma planta que ya estaban algo amarillentas.
La muñeca se llamaba Curumín. Yaci la quería tanto, que no la dejaba un momento.

Yaci jugaba mucho con
Curumín. La bañaba, la vestía,
la mecía en su hamaca y siempre
la tenía en brazos. Su madre la
llamaba para que le ayudase en
las tareas de la casa.

—¡Yaci! ¡Yaci! ¡Ven a
ayudarme a barrer y a ordenar
la casa!

Pero Yaci estaba tan distraída
jugando con su muñeca, que ni
la oía.

Un día, después de llamarla varias veces, la madre de Yaci se enfadó y le dijo: —Si sigues siendo tan desobediente voy a quitarte esa muñeca.

Sólo lo decía para que la obedeciese, pero Yaci se asustó y decidió esconder a su Curumín. Con su muñeca en brazos, se fue hacia la orilla del río, en donde se bañaba todas las mañanas.

Allí encontró a su amiga la tortuga, que
le preguntó: —¿Qué buscas por aquí, Yaci?

—Un sitio para esconder mi muñeca.

—Eso es fácil —dijo la tortuga—; haz como
yo: escarbo en la arena y escondo mis huevos.

Yaci cavó con sus manitas un agujero igual
al que veía hacer a su amiga la tortuga y dejó

su muñeca bajo la arena caliente. La arena
cubría hasta los hombros a Curumín como una
sábana. La niña disimuló el lugar cubriéndolo
de hojas.

—No te preocupes —dijo la tortuga—,
al mismo tiempo que vigilo mis huevos vigilaré
también tu muñeca.

Y Yaci regresó a su casa.

*L*as grandes lluvias habían llegado.
Llovía sin cesar. Pasó bastante tiempo antes de
que Yaci pudiera salir a buscar a su muñeca.

Por fin Yaci pudo ir en busca
de su Curumín. Pero había llovido
tanto, tanto, la corriente llevaba
tanta agua, tanta, que la orilla del
río no parecía la misma y Yaci no
podía recordar dónde había puesto
su muñeca.

Buscó a la tortuga, y por fin la
encontró. Tenía varias tortuguitas
pequeñas y debía enseñarles a
nadar. La tortuga acompañó a Yaci
al lugar donde había escondido a
la muñeca, pero allí no había más
que dos hojitas que subían del
suelo como si fuesen dos manos
verdes.

Yaci se arrodilló para mirarlas.
Estaba a punto de llorar; y
la tortuga le dijo: —No llores,
Yaci. Estas hojas son tu Curumín.
Crecerán y se convertirán en una
planta muy alta. Darán muchas
mazorcas de maíz. Ven a buscarlas
en verano. Encontrarás aquí
a tu muñeca.

Llegó el verano, y Yaci volvió a
la orilla del río.
Allí donde había escondido a su
Curumín encontró una hermosa planta

con muchas mazorcas de maíz. Tomó
una, la vistió con las hojas y se hizo una
muñeca que era igual que su Curumín.

Con las mazorcas que quedaron, la mamá de Yaci preparó muchas veces ricas tortitas de maíz.

Conozcamos a Concepción Zendrera

Lo que más le gusta a Concepción Zendrera son los cuentos para niños. Le gusta leerlos, escribirlos y contarlos, pero también le gusta publicarlos. La señora Zendrera trabaja como directora de la sección de libros para niños en una editorial en España.

Empezó a escribir libros cuando su hija estaba aprendiendo a leer. Dice: —Mi hija tardaba en aprender a leer e hice un pequeño diccionario para animarla. Cuando terminé el libro, la niña ya había aprendido a leer.

Después de eso, decidió escribir varios libros de cuentos populares. Había escuchado algunos cuentos que nunca se habían escrito antes. El cuento de "Yaci y su muñeca" es uno de éstos. Ahora ustedes también se lo podrán contar a sus papás y a sus hermanos, y tal vez un día a sus hijos.

¡Que llueva!

¡Que llueva!, ¡que llueva!
Vamos a cantar.
Que el trigo y las fuentes
se van a secar.

Si se seca el trigo
no tendremos pan.
Y en las fuentes secas
nadie beberá.

¡**Q**ue llueva!, ¡que llueva!
Vamos a cantar.
Traigan, nubecitas,
el agua del mar,
que bajo la lluvia
queremos jugar.

¡**Q**ue llueva!, ¡que llueva!
Vamos a cantar.
Si se moja el pelo,
ya se secará.

—Tomás Calleja Guijarro

INFORMACIÓN ILUSTRADA

¡GUÍA PARA LAS DESTREZAS Y FUENTES DE INFORMACIÓN PARA LOS CUENTOS QUE ESTÁS LEYENDO!

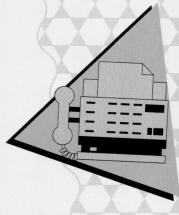

Contenido

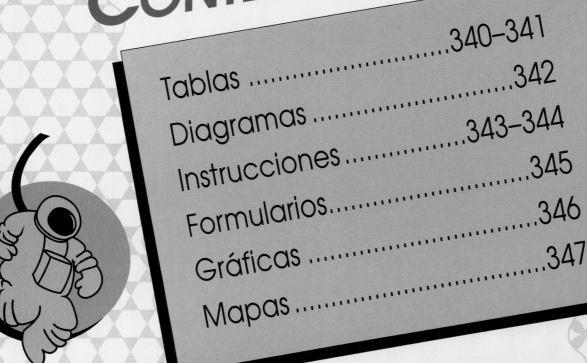

TABLAS

DIFERENTES TIPOS DE PINGÜINOS

Nombre	Dónde se encuentra	Región	Largo	Número usual de huevos
Pingüino emperador	Antártida	océano y hielo	1.2 m (4 pies)	1
Pingüino de la isla Snares	Nueva Zelanda	aguas de la costa	73 cm (29 pulgadas)	2
Pingüino de collar	Antártida y las islas polares	aguas de la costa	75 cm (30 pulgadas)	2
Pingüino de tierra Adelia	Antártida y las islas polares	aguas de la costa	75 cm (30 pulgadas)	2
Pingüino de las Galápagos	Islas Galápagos	aguas de la costa	50 cm (20 pulgadas)	2
Pingüino chico	Australia, Nueva Zelanda e islas vecinas	aguas de la costa	40 cm (16 pulgadas)	2

TABLAS

NÚMERO DE PÁGINAS PARA SECCIONES DEL PERIÓDICO

Periódico	Noticias	Deportes	Tiras cómicas	Cine y teatro	Anuncios
El Globo	10	4	1	2	8
El Sol	5	4	2	4	6
La Estrella	2	2	4	5	5
Mundo de Hoy	9	3	1	1	7
El País	7	2	2	3	4

DIAGRAMAS

Un libro

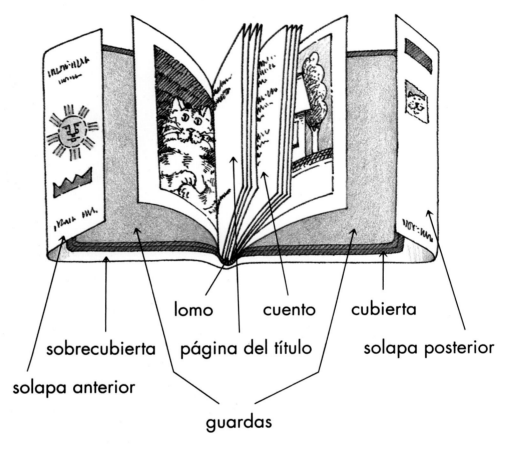

lomo

cuento

cubierta

sobrecubierta

página del título

solapa posterior

solapa anterior

guardas

Para hacer un libro acordeón

Vas a necesitar:
- 6 hojas de papel blanco
- pegamento
- 1 hoja de cartulina del tamaño del papel

Se dan instrucciones para un libro de 8 páginas.

1 Se doblan 4 hojas de papel por la mitad.

2 Se pegan los bordes de las hojas de papel unos a otros, formando un libro acordeón.

3 Se corta la hoja de cartulina por la mitad para obtener dos hojas del tamaño de las páginas del libro.

4 Se dobla otra hoja de papel y se pone pegamento en la parte de atrás de ambas mitades.

5 Se pega una mitad a media hoja de la cartulina y la otra mitad a la primera página del libro, para hacer la cubierta delantera.

6 Se repite el paso 4 y el paso 5 para hacer la cubierta trasera.

7 Se escribe el título en la cubierta delantera. Las páginas están listas para el escritor.

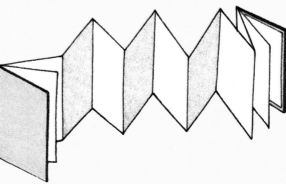

*I*NSTRUCCIONES

LENGUAJE POR SEÑAS

Un sistema de lenguaje por señas en que las letras del abecedario se muestran con las manos es el siguiente. Al usar estas señas para "hablar" con alguien, no te olvides de:

1. Poner las manos donde la persona con quien estés hablando las pueda ver.

2. Hacer las señas clara y precisamente.

3. Marcar el final de una palabra sonando los dedos o rápidamente juntando las manos, separándolas y bajándolas.

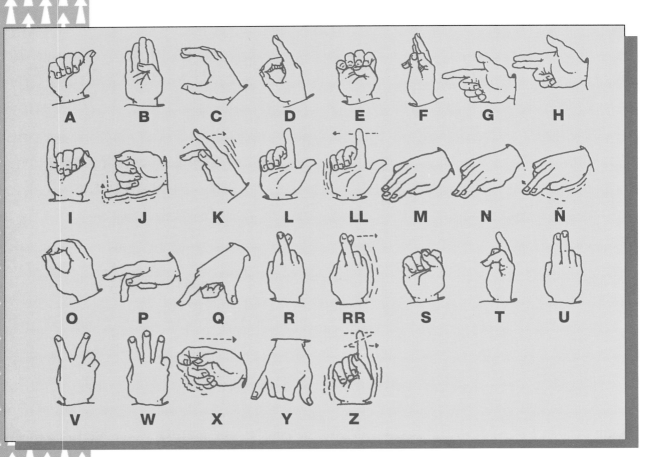

FORMULARIOS

Divertida • Informativa • Creativa

LA CIENCIA Y LA TIERRA

Una revista para niños

FORMULARIO PARA HACER PEDIDOS

Favor de usar letra de molde

NOMBRE *ELIZABETH RILEY*

DIRECCIÓN CALLE CERRO LARGO

CIUDAD SAN DIEGO **ESTADO** CA **ZIP** 00000

PAÍS EE.UU.

TELÉFONO (213) 555-7299

FECHA DE NACIMIENTO ABRIL 4 1983

MES DÍA AÑO

❏ 1 AÑO (8 REVISTAS) $12.00

☑ 2 AÑOS (16 REVISTAS) $20.00

☑ PAGO ADJUNTO ❏ MÁNDEME LA CUENTA

Elizabeth Riley *Ann Riley*

Firma Firma del padre o guardián
(Necesaria para los menores de 18)

FECHA: 7 / 4 / 93

MES / DÍA / AÑO

Devolver a: LA CIENCIA Y LA TIERRA
P.O. BOX 90
MONTGOMERY, WA 00000

GRÁFICAS

Tiempo en el mes de mayo

									◇ = 1 día
Sol	◇	◇	◇	◇	◇	◇	◇	◇	◇
Lluvia	◇	◇	◇	◇					
Nubes	◇	◇	◇	◇	◇	◇			
Viento	◇	◇							
Calor	◇	◇	◇	◇	◇	◇	◇	◇	◇
Frío	◇	◇	◇	◇	◇				

Cantidad de lluvia

☐ = 1 cm

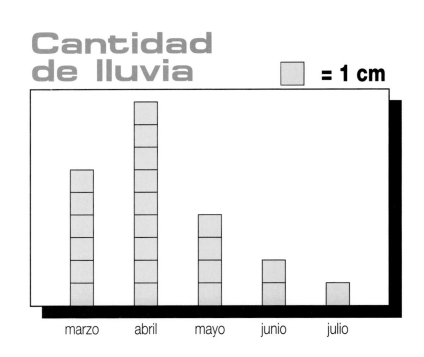

marzo   abril   mayo   junio   julio

MAPAS

AMÉRICA DEL SUR TIERRA DE LOS INCAS

CLAVE

Tierra de los incas
- - - - Límites actuales
(Perú) País actual

(Colombia)

(Ecuador)

AMÉRICA

DEL SUR

(Perú)

(Bolivia)

OCÉANO
ATLÁNTICO

OCÉANO
PACÍFICO

Chile

(Argentina)

N
O   E
S

COLOMBIA

⊛ Quito

ECUADOR

Putumayo

Amazonas

Ucayali

Javari

BRASIL

C
O
R
D
I
L
L
E
R
A

D
E

L
O
S

OCÉANO

PACÍFICO

PERÚ

Lima ⊛

A
N
D
E
S

Lago
Titicaca

BOLIVIA

N
O   E
S

Lago
Poopó

CHILE

PERÚ: Accidentes geográficos
CLAVE

Montañas   ⊛ Capital
Montes   ▬ Límites
Llanuras   〜 Ríos

Glos

En este glosario puedes encontrar el significado de algunas de las palabras más difíciles del libro.

ario

Las palabras aparecen en orden alfabético. En la parte de arriba de cada página están las palabras guía que son la primera y la última palabra de esa página.

abultaba

Abultar es crecer en tamaño o hacerse más grande. La manta **abultaba** la bolsa de la niña. ▲ **abultar**

acudieron

Acudir quiere decir ir para ayudar. Cuando Elvira pidió ayuda, **acudieron** todos sus amigos. ▲ **acudir**

adelgazar

Adelgazar quiere decir perder peso. Cuando alguien **adelgaza** se pone más flaco. Paco va a comer poco y hacer mucho ejercicio para **adelgazar.**

agrietó

Agrietar quiere decir abrir grietas o rajaduras. La lluvia **agrietó** la tierra, formando varios caminitos. ▲ **agrietar**

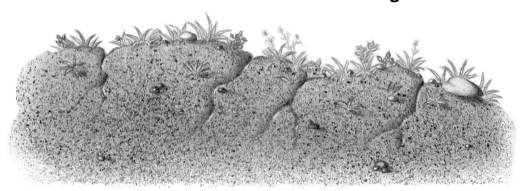

aislados

Estar **aislado** quiere decir estar lejos de un poblado. Viven lejos de aquí en lugares muy **aislados.**

algas

Las **algas** son las plantas que crecen en el mar. Los peces se escondieron en las **algas.**

almíbar

El **almíbar** es un líquido muy dulce que se hace con azúcar. En la panadería compré un pastel con **almíbar.**
▲ **almíbares**

almidonado

Un mantel que se lava o se plancha con almidón queda firme o **almidonado.** Me pongo un vestido **almidonado** cuando voy a una fiesta. ▲ **almidonados**

alpacas

Las **alpacas** son animales que viven en las montañas de los Andes en América del Sur. La **alpaca** tiene lana muy larga y suave. Esta alfombra se hizo con la lana de dos **alpacas.**

amo

El **amo** es el dueño de una finca, de animales, o el jefe de una familia. El perro siguió a su **amo.** ▲ **amos**

apresúrate

Apresurarse quiere decir hacer algo más
a prisa, más rápido. —**Apresúrate** o
llegarás tarde a la escuela —le dijo
la mamá a su hija. ▲ **apresurarse**

arenisca

Arenisca es una piedra suave hecha
de arena. La montaña está hecha
de **arenisca.**

(se) arrodilló

Arrodillarse quiere decir ponerse de
rodillas. Susana **se arrodilló** y se puso
a jugar a las canicas. ▲ **arrodillarse**

asignar

Asignar quiere decir señalar lo que
corresponde a una persona o cosa. En
el teatro te deben **asignar** un asiento.

(se) atascó

Atascarse quiere decir quedarse detenido. La canica cayó en el caño y **se atascó.** ▲ **atascarse**

aterrizó

Aterrizar quiere decir bajar a la tierra. El avión **aterrizó** en el campo. ▲ **aterrizar**

aullaba

Aullar es producir un sonido largo y agudo. El perro **aullaba** cuando oía la sirena. ▲ **aullar**

azotaba

Azotar quiere decir pegar fuertemente. El viento **azotaba** los árboles. ▲ **azotar**

bastón

Un **bastón** es un palo fuerte que ayuda a las personas a caminar. Me torcí el tobillo y ahora ando con **bastón.** ▲ **bastones**

bolígrafo

Un **bolígrafo** es una pluma o lapicero. Se le acabó la tinta al **bolígrafo.**
▲ **bolígrafos**

botines

Botines son botas usadas por mujeres. Cuando hace frío María se pone **botines.**

bruma

Bruma es niebla. A causa de la **bruma,** no se podía ver el otro lado de la calle.

canturrear

Canturrear es cantar en voz baja. Papá se pone a **canturrear** cuando plancha.

cartel

Un **cartel** es un letrero. En el **cartel** dice que la leche te hace bien. ▲ **carteles**

catástrofes

Ocurren **catástrofes** cuando hay destrucción y muchas desgracias. Los terremotos que destruyen edificios son **catástrofes.**

cima

La **cima** es la parte de arriba de una montaña. Hay nieve en la **cima** de la montaña. ▲ **cimas**

clave

Una **clave** es algo escrito en signos. No se puede leer el mensaje porque está escrito en **clave.** ▲ **claves**

coletazo

Un **coletazo** es un golpe dado con la cola. La ballena dio un **coletazo** y se alejó del barco. ▲ **coletazos**

colocó

Colocar quiere decir poner algo en un lugar. Mario **colocó** la última pieza en el rompecabezas. ▲ **colocar**

cóndores

Los **cóndores** son pájaros muy grandes que viven en las cordilleras. Vi dos **cóndores** volar por las nubes.

cordel

Un **cordel** es una soga delgada o una cuerda. Amarré el paquete con un **cordel.** ▲ **cordeles**

cordillera

Una **cordillera** es un grupo de montañas en una hilera. La **cordillera** de los Andes tiene montañas muy altas. ▲ **cordilleras**

(se) desbordaba

Un río puede **desbordarse** cuando se llena demasiado de agua. Cuando llovía demasiado, el río **se desbordaba.** ▲ **desbordarse**

descendió

Descender quiere decir bajar. El avión **descendió** de las nubes para aterrizar.

▲ **descender**

descifró

Descifrar quiere decir aclarar. En muchos casos, **descifrar** significa resolver un mensaje escrito en clave. El pirata **descifró** el mensaje y encontró el tesoro.

▲ **descifrar**

(se) deslizaba

Deslizarse quiere decir resbalarse. Carmen **se deslizaba** por el hielo.

▲ **deslizarse**

diagrama

Un **diagrama** es un dibujo que sirve para entender mejor una idea. El maestro dibujó un **diagrama** en el pizarrón para explicar la lección. ▲ **diagramas**

diluvio

Un **diluvio** es el resultado de lluvias torrenciales. Durante un **diluvio** la tierra se llena de agua. Subí al monte para escapar del **diluvio.** ▲ **diluvios**

disimuló

Disimular quiere decir esconder u ocultar algo. El niño **disimuló** la entrada a la cueva. ▲ **disimular**

empapaba

Empapar quiere decir mojar algo hasta que quede penetrado por el líquido. Cuando salía en la lluvia, se me **empapaba** la ropa. ▲ **empapar**

empinados

Las cosas **empinadas** son muy altas o elevadas. Subimos montes muy **empinados.**

emprendían

Emprender es empezar algo. Los niños **emprendían** el viaje debajo del puente.
▲ **emprender**

(me) entero

Enterarse es averiguar o aprender algo. Cuando voy a la biblioteca **me entero** de muchas cosas. ▲ **enterarse**

escarbo

Escarbar es hacer un hoyo. Si pierdo algo en la arena, **escarbo** para encontrarlo.
▲ **escarbar**

esquimal

Un **esquimal** es una persona que vive en Alaska, en el norte del Canadá y en otras regiones muy frías. La casa de un **esquimal** es de bloques de hielo y se llama iglú. El **esquimal** vive donde hace mucho frío. ▲ **esquimales**

estanques

Los **estanques** son albercas o depósitos de agua en los que a veces viven patos, peces o plantas. El señor López hizo un **estanque** con peces en su jardín.

extraño

Algo **extraño** es algo raro y desacostumbrado. Vi algo **extraño** que no pude reconocer. ▲ **extraños**

faenas

Las **faenas** son trabajos que alguien tiene que hacer. Mamá siempre está ocupada porque tiene muchas **faenas.**

guanacos

Los **guanacos** son animales salvajes de América del Sur que se parecen a las llamas. Es difícil ver la diferencia entre un **guanaco** y una llama.

hilera

Una **hilera** es una línea de personas o cosas. Las hormigas iban en una **hilera.**
▲ **hileras**

363

hombrecillo

Un **hombrecillo** es un hombre pequeño. Voy a recortar un **hombrecillo** de papel.

▲ **hombrecillos**

huellas

Las **huellas** son las marcas que los animales o las personas dejan en la tierra al pasar. Podíamos ver las **huellas** de los pájaros en la arena mojada.

humeaba

Humear es soltar humo o vapor. La taza de chocolate caliente **humeaba.**

▲ **humear**

humeante

Humeante quiere decir que le sale humo o vapor. Abuela me sirvió un plato de sopa **humeante.** ▲ **humeantes**

iceberg

Un **iceberg** es un enorme pedazo de hielo que flota en el mar. El barco chocó contra el **iceberg.** ▲ **icebergs**

inmensidad

La **inmensidad** es un tamaño muy, muy grande. El camello se perdió en la **inmensidad** del desierto.

inundaba

Inundar quiere decir cubrir con agua. Cuando el río se desbordaba, toda la granja se **inundaba.** ▲ **inundar**

invisible

Una cosa que es **invisible** no se puede ver. El fantasma del cuento era **invisible.** ▲ **invisibles**

jeroglífico

Un **jeroglífico** es un dibujo antiguo que se usaba para escribir. La profesora nos mostró un **jeroglífico** que representaba un loro. ▲ **jeroglíficos**

lomo

El **lomo** es la espalda de un animal. El monito se subió al **lomo** del elefante. ▲ **lomos**

marioneta

Una **marioneta** es un títere que se hace mover desde arriba con hilos. Cuando la **marioneta** bailaba, los niños aplaudían. ▲ **marionetas**

mazapán

El **mazapán** es una masa hecha de pasta de almendras y azúcar. A los niños les gusta comer galletitas de **mazapán.**

▲ **mazapanes**

merengues

Un **merengue** es una galleta dura hecha de clara de huevo y azúcar. Un postre favorito es **merengue** con crema y fruta.

milpas

Las **milpas** son campos de maíz. Las **milpas** rodean la finca.

N

natillas

Las **natillas** es un postre que se hace con leche, huevos y azúcar. Me serví un plato de **natillas.**

O

organista

Un **organista** es una persona que toca un instrumento musical llamado **órgano**. Mientras el **organista** tocaba, María bailaba y Juan cantaba. ▲ **organistas**

P

pastara

Pastar es lo que hacen los animales cuando comen pasto en el campo. Llevé la vaca a que **pastara** en el prado.
▲ **pastar**

pecera

Una **pecera** es un tanque donde viven los peces. Marta puso un pez anaranjado en la **pecera.** ▲ **peceras**

portadas

La **portada** es la página de un libro en donde se pone el título y el nombre del autor. Las **portadas** tienen letras bonitas.

quechua

1. Se le dice **quechua** a la gente que vive en los Andes de Perú. Las llamas ayudan al pueblo **quechua** con su trabajo en el campo. ▲ **quechuas**

2. Quechua también es el idioma que hablan ciertos pueblos indígenas de Perú, Ecuador, Bolivia y Chile. Andrés sabe decir gracias en **quechua.**

369

redactar

Redactar es poner algo por escrito. Debo **redactar** una carta.

resina

La **resina** es un líquido espeso que sale de algunas plantas. Me subí al árbol y las manos se me llenaron de **resina.**
▲ **resinas**

(se) restregó

Restregarse quiere decir pasar con fuerza una cosa sobre otra. Después de cambiar la llanta, Mamá **se restregó** las manos con jabón. ▲ **restregarse**

reverdecer

Reverdecer es volver a ponerse verde. Después de la lluvia, el campo va a **reverdecer.**

riachuelos

Los **riachuelos** son ríos pequeños. Crucé los **riachuelos** de un salto.

rompecabezas

Un **rompecabezas** es un juego o un problema de solución difícil. Tardaré mucho en armar el **rompecabezas.**

rostros

Los **rostros** son caras. Vi los **rostros** sonrientes de los niños.

salpicón

Un **salpicón** son las gotitas que saltan cuando algo golpea el agua. El **salpicón** de agua me mojó. ▲ **salpicones**

setas

Las **setas** son hongos. En el bosque había **setas** de todos colores y tamaños.

sobrevolaron

Sobrevolar es volar por arriba de algún lugar. Los pájaros **sobrevolaron** la isla.
▲ **sobrevolar**

subterránea

Subterránea quiere decir que está debajo de la tierra. Una mina **subterránea** está debajo de la tierra. El metro para en una estación **subterránea**. ▲ **subterráneas**

tibio

Algo **tibio** no está ni caliente ni frío. No me gusta el café cuando está **tibio**.
▲ **tibios**

trituró

Triturar es machacar o hacer pedazos. Cuando Juan pisó el huevo, **trituró** la cáscara. ▲ **triturar**

tropecé

Tropezar quiere decir dar con los pies contra algo al caminar o correr. Cuando **tropecé** por poco me caigo. ▲ **tropezar**

venia

Una **venia** es un saludo que se hace con una inclinación de la cabeza. Cuando Luisa pasó junto al director, hizo una gran **venia**. ▲ **venias**

vigilo

Vigilar significa observar. **Vigilo** a los pollitos en el corral para que no se escapen. ▲ **vigilar**

voltereta

Cuando una persona da una **voltereta**, brinca y el cuerpo da una vuelta entera. La niña corre por el parque dando **volteretas**. ▲ **volteretas**